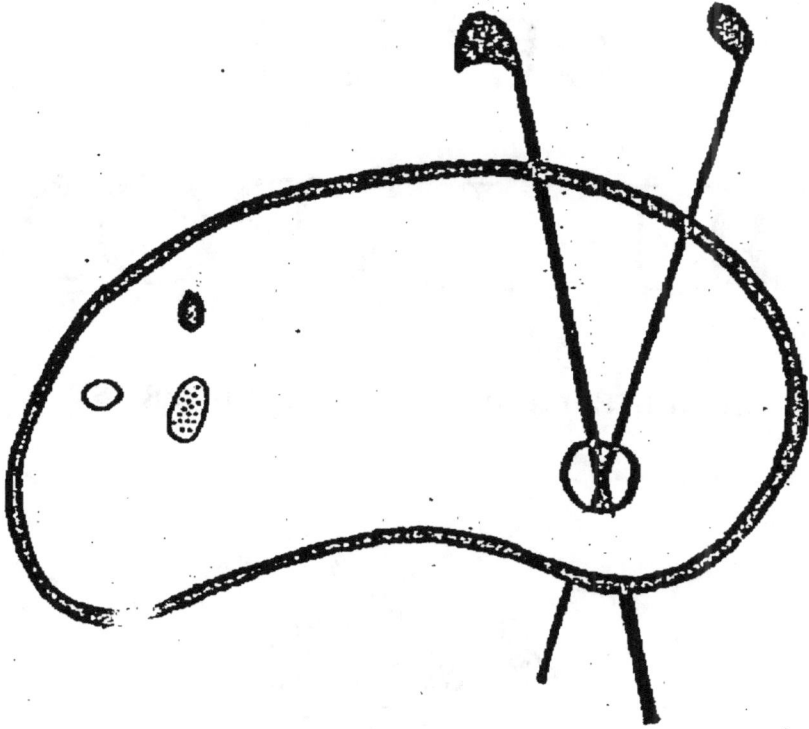

COUVERTURE SUPERIEURE ET INFERIEURE
EN COULEUR

GEORGE SAND

—

LE LIS
DU JAPON

COMÉDIE EN UN ACTE ET EN PROSE

M · L

PARIS

MICHEL LÉVY FRÈRES LIBRAIRES ÉDITEURS

RUE VIVIENNE, 2 BIS, ET BOULEVARD DES ITALIENS, 15

A LA LIBRAIRIE NOUVELLE

—

Bégalements d'amour, opéra comique, 1 ac.	1	»	Princesse et Favorite, drame en 5 actes..	» 50
Marie de Mancini, drame en 5 actes.....	2	»	Les Yeux du cœur, comédie en 1 acte....	1 »
Le Capitaine Henriot, opéra comique, 3 ac.	1	»	Le Déluge universel, drame en 5 actes. ..	» 50
Jacques Burke, drame en 5 actes.........	» 50		Les Deux Sœurs, drame en 3 actes......	4 »
Un Clou dans la serrure, c. vaud. en 1 act.	1	»	Douglas le Vampire, drame en 5 actes...	» 50
Les Mystères du vieux Paris, drame en 5 ac.	» 50		L'Amour qui tue, drame en 7 actes.......	» 50
Les Vieux Garçons, comédie en 5 actes...	2	»	La Gazette des Etrangers. folie en 1 acte.	1 »
Le Second mouvement, coméd. en 3 actes.	1 50		Fabienne, comédie en 3 actes...........	2 »
L'oncle Sommerville, comédie en 1 acte...	1	»	Jeanne Darc, opéra...................	» 50
Le Singe de Nicolet, comedie en 1 acte...	1	»	Le Meurtrier de Théodore, com. en 3 act.	2 »
Jupiter et Léda, opérette en 1 acte......	1	»	Le Paradis des femmes, drame en 5 actes.	» 50
Les Jocrisses de l'amour, com. en 3 actes.	2	»	Les Blanchisseuses de fin, com. vaud. en	
Le Mousquetaire du roi, drame en 5 actes.	2	»	5 actes	» 50
Les 2 Reines de France, drame en 4 actes..	2	»	Les Parasites, drame en 5 actes........	2 »
La Belle au bois dormant, drame en 5 act.	2	»	Pierrot héritier, comédie en vers........	1 »
La Flûte enchantée, opéra fant. en 4 actes.	1	»	Le Roi de la lune, vaud. en 4 actes......	» 50
La Gitane, drame en 5 actes............	» 50		L'Homme aux Figures de cire, drame en	
Les Vieux Glaçons, parodie des Vieux			5 actes.........................	» 50
Garçons, en 2 actes................	1	»	Le Tattersall brûle ! com. en 1 acte.....	1 »
Juge et Partie, vaudeville en 1 acte.......	1	»	La Marieuse, comédie en 2 actes........	1 50
Le Cabaret de la Grappe dorée, comédie			Les Douze Innocentes, opérette en 1 acte.	1 »
vaudeville en 3 actes...............	» 50		La Meunière, drame en 5 actes.........	2 »
Madame Aubert, drame en 4 actes.......	2	»	La Louve de Florence, drame en 5 actes.	» 50
Les Cabotins, comédie vaud. en 3 actes..	» 50		La Famille Benoîton, comédie en 5 actes.	2 »
Lantara, comédie vaudeville en 2 actes....	1	»	Le Médecin des pauvres, drame en 6 actes.	» 50
La Pomme, comédie en 1 acte, en vers...	1 50		Les Révoltées, comédie en 1 acte........	1 »
Les Victimes de l'Argent, com. en 3 actes.	2	»	Les Méprises de Lambinet, com. en 1 acte.	1 »
Le Supplice de Pañiquet, com. en 1 acte...	1	»	Martha, opéra en 4 actes...............	1 »
Les Parents de Province, vaud. en 1 acte.	1	»	Le Moine, drame en 4 actes.............	» 20
Lisbeth, opéra comique en 2 actes......	1	»	Les Bergers, opéra comique en 3 actes...	2 »
Le Saphir, opéra comique en 3 actes....	1	»	Dernières Scènes de la Fronde, dr. en 3 ac.	» 20
La Comédie de salon, proverbe en 1 acte..	1	»	La Fiancée d'Abydos, opéra com. en 3 ac.	1 »
Une Vengeance de Pierrot, bouffonn. 1 act.	1	»	L'Honneur dans le crime, drame en 5 act.	» 20
Avant la Noce, opérette en 1 acte........	1	»	Malheur aux vaincus, comédie en 5 actes..	2 »
La Petite Voisine, vaudeville en 1 acte...	» 40		L'Homme à la blouse, drame en 4 actes...	» 40
Macbeth, opéra en 4 actes..............	1	»	Le Lion amoureux, comédie en 5 actes...;	4 »
L'Œillet blanc, comédie en 1 acte........	1	»	Le Massacre des Innocents, drame en 5 act.	» 20
Le Mariage de Don Lope, op. com. en 1 act.	1	»	La Consigne est de ronfler, com.-vaud. 1 ac.	1 »
Un Drame en l'air, bouffonnerie, en 1 act..	1	»	Fior d'Aliza, opéra comique en 4 actes....	2 »
Le Bœuf Apis, opérette bouffe en 2 actes.	1	»	Barbe-Bleue, opéra bouffe en 3 actes.....	2 »
Les Enfants de la Louve, drame en 5 actes.	2	»	Qui Femme a, Guerre a, proverbe, 1 acte..	1 »
Le Ménétrier de St-Waast, mélod. en 5 act.	1	»	Cosima, drame en 5 actes...............	1 50
M. et Madame Crusoé, vaudev. en 1 acte..	1	»	Le Clic, comédie en 3 actes.............	2 »
C'est pour ce soir, à-propos en 1 acte.....	1	»	Le Mariage d'honneur, comédie en 1 acte.	1 »
M. de Saint-Bertrand, comédie en 4 actes.	2	»	François le Champi, comédie en 3 actes...	1 »
Le Supplice d'une femme, drame en 3 act.	2	»	La Contagion, comédie en 5 actes........	2 »
La Voleuse d'Enfants, drame en 5 actes..	» 50		Gabriel Lambert, drame en 6 actes......	2 »
Les Vendanges du clos Tavannes, d. 5 ac.	» 50		Didon, opéra bouffe en 2 actes..........	1 50
Le Clos Pommier, drame en 5 actes;....	2	»	Mangeur de fer, drame en 5 actes.......	2 »
Bibi, vaud. en 1 acte.................	» 40		Don Juan, opéra en 5 actes.............	1 »
Lischen et Fritzchen, saynette en 1 acte..	1	»	La Dent de sagesse, comédie en 1 acte...	1 »
Une Journée à Dresde, comédie en un acte.	1	»	Les joyeuses Commères de Windsor, opéra	
Les Femmes du Sport, pièce en 4 actes...	1	»	comique en 3 actes.................	1 »
Le Carnaval des Canotiers, vaud. en 4 act.	» 50		Le Serment de Bichette, vaud. en 1 acte.	» 40
Les Jurons de Cadillac, com. en 1 acte..	1	»	La Colombe, opéra com. en 2 actes......	1 »
Le Supplice d'un Homme, comédie 3 actes.	2	»	Les Dragées de Suzette, opéra com. en 1 ac.	1 »

IMPRIMERIE L. TOINON ET C°, A SAINT-GERMAIN.

LE

LIS DU JAPON

COMÉDIE

Représentée pour la première fois, à Paris, sur le théâtre du Vaudeville,
le 14 août 1866

PARIS. — IMPRIMERIE DE J. CLAYE

RUE SAINT BENOIT, 7

LE
LIS DU JAPON

COMÉDIE

EN UN ACTE, EN PROSE

PAR

GEORGE SAND

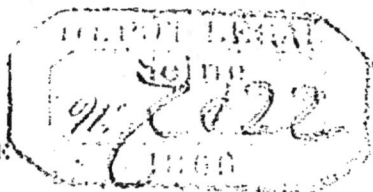

PARIS

MICHEL LÉVY FRÈRES, LIBRAIRES ÉDITEURS

RUE VIVIENNE, 2 BIS, ET BOULEVARD DES ITALIENS, 15

A LA LIBRAIRIE NOUVELLE

—

1866

PERSONNAGES

JULIEN THIERRY, peintre. . . . . MM. DELACOUR.

MARCEL, procureur. . . . . COLSON.

LA MARQUISE, jeune veuve. . . . . Mlle SAVARY.

UN DOMESTIQUE. . . . . M. POURCE.

Sous Louis XVI, à Paris.

S'adresser, pour la mise en scène, à M. A. Vizentini, au théâtre du Vaudeville.

LE
LIS DU JAPON

L'intérieur d'un joli petit atelier pour peindre des fleurs. Il y a des fleurs partout, en jardinières, en caisses, en vases; des toiles, des chevalets, etc.; une grande table, un fauteuil, d'autres siéges; aucun luxe, beaucoup de propreté. Au fond, une grande porte ouverte, donnant sur un petit péristyle où l'on voit un escalier qui monte aux étages supérieurs. — A droite, dans l'atelier, une fenêtre à demi couverte d'un rideau vert; à gauche, en face, une porte.

SCÈNE PREMIÈRE.

JULIEN, MARCEL.

Julien est à la fenêtre; Marcel entre, tenant un petit pot de faïence dont la plante est enveloppée de papier.

JULIEN, à lui-même.

Personne dans le jardin! Elle ne sort donc pas aujourd'hui?

MARCEL, à part.

Comme le voilà absorbé! (Haut.) Ohé! Julien, bonjour!

JULIEN.

Ah! cousin Marcel! (Il lui serre les mains.)

MARCEL.

Tu étais donc là, perdu dans tes rêveries, grand artiste?

1

JULIEN.

Oui, grand procureur! je regardais fleurir le printemps. Et ton étude, fleurit-elle aussi?

MARCEL.

Elle bourgeonne, mon ami, elle bourgeonne. Ah! si elle était payée, ça irait mieux; il y pousserait des branches et des fruits. Dis donc, si tu hérites, tu m'aideras, hein?

JULIEN.

A payer? Ah! je t'en réponds! mais ne te rejouis pas, mon pauvre ami, je n'hériterai pas.

MARCEL.

Qu'en sait-on?

JULIEN.

L'oncle Thierry dédaigne trop les artistes, en général, et moi en particulier.

MARCEL.

Il en reviendra peut-être. Ça dépend de toi.

JULIEN.

Tu veux que je renonce à la peinture?

MARCEL.

Non pas! peindre des fleurs et des fruits, des mouches d'or, des papillons, des gouttes de rosée, c'est un art très-galant où ton pauvre père excellait et où tu fais déjà parler de toi avec éloge. Je ne veux pas que tu y renonces, je veux que...

JULIEN.

Que quoi?

MARCEL.

Que tu me donnes de l'eau!

JULIEN.

Tu as soif?

MARCEL.

Non, c'est pour cette fleur qu'il faut tenir fraîche par le pied

SCÈNE I.

JULIEN.

Ah! qu'elle est belle et qu'elle sent bon! je n'en ai jamais vu de pareille. C'est un présent que tu me fais?

MARCEL.

Oh! des présents comme ça, je t'en souhaite! ça vaut peut être un millier d'écus!

JULIEN.

Ah! bah! c'est donc à notre oncle?

MARCEL.

A qui veux-tu que ce soit? C'est un lis d'Afrique, ou...

JULIEN.

Ou d'Asie?

MARCEL.

Ou d'Amérique, je ne sais plus; et ça s'appelle... Attends donc!... Ah! ma foi, je ne sais plus. Ça m'est bien égal, tu penses; mais ce que je sais, c'est qu'il me l'a confié avec des recommandations comme s'il s'agissait d'un enfant à mettre en nourrice.

JULIEN.

Et où portes-tu ça?

MARCEL.

Je l'apporte chez toi, et je te le confie à ton tour. Il s'agit de faire le portrait de ce précieux végétal pendant qu'il est dans sa beauté, et notre oncle te donne pour ça.

JULIEN.

Combien?

MARCEL.

Deux heures.

JULIEN.

Deux heures de sa tendresse?

MARCEL.

Non, deux heures de ton travail. N'importe! dépêche-toi, Julien, mets-toi à la besogne.

JULIEN.

Bien ! il commence donc à comprendre qu'un peintre de fleurs et un amateur de plantes rares peuvent se rendre service l'un à l'autre? Dis donc, Marcel, il aurait pu commencer plus tôt, lui, si riche !

MARCEL.

Eh bien, il commence, il te donne sa pratique.

JULIEN.

Et te la donne-t-il aussi, à toi?

MARCEL.

En partie. Une clientèle comme la sienne occupe plus d'un procureur; mais enfin, il m'emploie.

JULIEN.

Eh bien, pourquoi n'hériterais-tu pas ?

MARCEL.

Moi? Jamais; je suis marié avec une bourgeoise.

JULIEN.

C'est donc sérieux, cette vanité de parvenu qui s'est logée dans sa cervelle?

MARCEL.

Ça devient une manie, une idée fixe. Tu sais bien qu'il s'est brouillé avec toi parce que tu n'as pas voulu épouser certaine veuve.

JULIEN.

Cette grosse dame de campagne sur le retour?

MARCEL.

Elle avait en poche quelques petits aïeux de robe, et ça flattait le richard; mais j'avoue qu'elle était un peu passée fleur. A présent, il a une autre idée, qui est moins effrayante.

JULIEN.

Un autre projet de mariage pour moi?

MARCEL.

Oui ; vingt-cinq ans, veuve aussi, passablement jolie, très-avenante, on dit même un peu coquette : la présidente de Reuilly.

JULIEN.

Très-bien ! c'est conclu : je refuse.

MARCEL.

Pourquoi ça ? Tu es donc fou ?

JULIEN.

Oui. (Il se lève et va à la fenêtre.)

MARCEL.

Voilà une réponse nette et qui coupe court aux remontrances. Pourtant, Julien... Mais que regardes-tu donc là ?

JULIEN.

Rien.

MARCEL.

Si fait ! (Il regarde.) Tiens ! la marquise d'Estrelle, ma cliente aussi. Laisse-moi donc la saluer.

JULIEN.

Non pas ! elle ne sait pas que je la regarde, moi.

MARCEL.

Ah ! tu la regardes ?

JULIEN.

Elle ne s'en doute pas. J'y mets tant de précautions ! Dès qu'elle paraît, je baisse le rideau.

MARCEL.

Et, pendant qu'elle se promène dans son petit jardin, tu la contemples à travers cette fente de l'étoffe ? Es-tu bien sûr qu'elle ne s'en soit jamais aperçue ?

JULIEN.

Ah ! mon ami, elle ne sait pas seulement que j'existe !

MARCEL.

Mais elle va le savoir.

JULIEN.

Comment ? Pourquoi ?

MARCEL.

Parce que, à la suite d'un petit procès que j'ai gagné pour elle, pas plus tard qu'hier, ce pavillon que tu habites devient sa propriété.

JULIEN.

Vrai ?

MARCEL.

Notre oncle a quelque envie de l'acheter pour le jeter par terre et agrandir son jardin, qui est de ce côté-ci, séparé par un enclos vague dont il se porte acquéreur.

JULIEN.

O mon Dieu ! abattre ce pavillon !

MARCEL.

Ce sera décidé aujourd'hui même !

JULIEN.

Par qui ?

MARCEL.

Par l'architecte, qui doit venir tout à l'heure le visiter. S'il est réparable à peu de frais, la marquise le conserve et y garde un locataire. S'il menace ruine, elle le vend, et l'oncle Thierry le rase pour y planter des tulipes.

JULIEN.

Impossible !

MARCEL.

Ça regarde les tulipes. Si elles veulent pousser

JULIEN.

Ah ! Marcel, ne ris pas de moi ! je suis désespéré !

MARCEL.

Comment ! c'est si sérieux que ça ? une femme que tu vois... d'assez loin... à qui tu n'as jamais parlé...

JULIEN.

Elle vient là, tout près, sur ce banc, où elle reste quelquefois
une heure à lire ou à rêver. D'autres fois, elle est accompagnée
d'une ou deux femmes de ses amies, ou d'un vieux monsieur, son
parent; elle cause avec eux... Ah! que sa voix est douce et son
langage noble et touchant! Je ne fais pas d'indiscrétion, en l'écou-
tant, Marcel! je ne le fais pas toujours exprès, et puis je ne m'intéresse pas aux choses dont on parle, quand elle ne s'y intéresse
pas. Je n'entends qu'elle, et, dans tout ce qu'elle dit, je la sens si
bonne, si vraie, si généreuse!... c'est une âme grande et pure,
vois-tu, une âme au-dessus de toutes les autres. C'est un esprit
droit, un sens rare, un cœur magnanime! enfin, c'est une créa-
ture du ciel, c'est un ange sur la terre, et je l'adore!

MARCEL.

Diable! diable! te voilà bien pris, mon pauvre ami... et sans
espoir! c'est une trop grande dame!

JULIEN.

Et trop austère dans ses idées comme dans ses mœurs, pour
faire jamais la moindre attention à moi. Tu vois donc bien que,
sans l'offenser, je peux l'aimer en silence; ne me trahis pas!

MARCEL.

Je n'ai garde. Pourtant... que sait-on? elle est veuve et peu
fortunée; si l'oncle... Mais à quoi songes-tu?

JULIEN.

Ah! pardon... tu me parlais?

MARCEL.

Diantre! oui, je te parle; es-tu sourd?

JULIEN.

Dis-moi, Marcel, cet architecte qui va venir, c'est Dubourg?

MARCEL.

Eh! oui, notre camarade d'école. Où vas-tu?

JULIEN.

Je cours chez lui, c'est au bout de la rue.

MARCEL.

Puisqu'il va venir!

JULIEN.

N'importe! je veux...

MARCEL.

Quoi donc?

JULIEN.

Tu verras!

MARCEL.

Mais le lis, le dessin...?

JULIEN.

Oui, oui, je reviens à l'instant. (Il sort)

SCÈNE II.

MARCEL, seul.

Ah! c'est de la frénésie! quelle tête! et ce que c'est que les artistes! Ai-je bien fait d'étudier la chicane! je serais peut-être devenu comme ça, moi! Mais, voyons, je vais trouver la marquise, je lui dirai... Oui, oui, j'y suis... (La marquise paraît.) Et, en même temps, je pourrai bien tâter le terrain.

SCÈNE III.

MARCEL, LA MARQUISE, UN LAQUAIS.

LA MARQUISE.

Ah! vous êtes là, monsieur Marcel?

MARCEL.

Comme chez moi, c'est-à-dire, non, chez vous. Entrez, madame la marquise!

LA MARQUISE.

Non, je monte. Je veux voir par mes yeux cet étage qui menace. M. Dubourg doit être là-haut?

MARCEL.

Non, madame, il n'est pas arrivé, et c'est lui qui a les clefs... Daignez attendre ici... chez... C'est un atelier de peinture, et il n'y a personne.

LA MARQUISE, entrant.

Vous êtes sûr? C'est là que demeure ce jeune peintre, votre parent, je crois?

MARCEL.

Julien Thierry, mon cousin. D'ailleurs, vous êtes ici sur vos nouveaux domaines, et, en qualité de propriétaire, vous avez droit de visite et d'examen. Et puis vous pourrez jeter un coup d'œil sur ses toiles... Ce n'est pas mal.

LA MARQUISE, regardant.

C'est même très-bien... c'est charmant... vrai! Je savais par vous qu'il a du talent et une bonne conduite; mais je vais être forcée de lui donner congé.

MARCEL.

Sans doute, s'il est vrai qu'il y ait cas de force majeure; autrement .. il a un bail, et c'est une indemnité à discuter.

LA MARQUISE.

Discuter? Non, puisque la personne est recommandable, elle fixera elle-même le chiffre de ses prétentions; je n'entends rien aux affaires, vous le savez! Mais je ne saurais rester plus longtemps; s'il rentrait!... Il vit tout seul, n'est-ce pas? il n'est pas marié?

MARCEL.

Il n'est ni marié, ni .. Enfin, il vit seul, sagement et honorablement.

1.

LA MARQUISE.

Son atelier est fleuri et agréable. Il est dans l'aisance?

MARCEL.

S'il ne payait pas religieusement les dettes de son père, il gagnerait de quoi vivre assez bien; mais...

LA MARQUISE.

Mais il a de la délicatesse et il est gêné? Ne prenez pas mes intérêts, monsieur Marcel, je vous le défends.

MARCEL.

Madame la marquise, soit dit sans l'offenser, est gênée aussi. Elle ne compte pas quand il s'agit de donner. Si elle voulait suivre les conseils de son humble procureur, elle songerait, — elle m'a déjà permis de le lui dire, — elle songerait sérieusement à convoler en secondes noces.

LA MARQUISE.

Je suis donc bien endettée, monsieur Marcel?

MARCEL.

Assez pour n'être point en état de rebâtir ce pavillon, qui pourtant rapporte quelque chose. Madame la marquise devrait se mettre en situation de ne pas avoir ces petites préoccupations-là! vraiment une personne de son rang, avec un si grand caractère...

LA MARQUISE.

Encore, monsieur Marcel? Vous tenez, je le vois, à me faire faire un riche mariage.

MARCEL.

Il ne tiendrait qu'à vous, madame; je sais un jeune homme...

LA MARQUISE.

Ah! vous savez un jeune homme...

MARCEL.

Beau, bien fait, aimable et plein de cœur...

LA MARQUISE.

Eh! mais c'est charmant d'être ainsi!

MARCEL, à part.

Ça prend! courage! (Haut.) Et riche, très-riche même!

LA MARQUISE.

C'est un avantage, s'il aime à faire le bien!

MARCEL.

N'est-ce pas, madame la marquise? La magnificence des habitudes rachète l'absence des titres; au temps où nous vivons, une mésalliance n'est pas une si grosse affaire qu'au temps passé, et ..

LA MARQUISE.

Ah! permettez! ce serait une mésalliance? Ne m'en parlez plus. Cela me répugnerait.

MARCEL, à part.

Aïe! (Haut.) Je demande humblement pardon à madame la marquise d'avoir blessé ses... principes!

LA MARQUISE.

Vous alliez dire mes préjugés? Eh bien, je veux m'expliquer avec vous qui êtes un galant homme. Je n'ai point de préjugés; mais je trouve qu'il y a quelque chose de lâche à vendre son nom pour de l'argent, de même qu'il y a, dans la vanité d'un parvenu qui recherche l'alliance d'une femme de qualité sans fortune, quelque chose de ridicule, quelque chose de contraire à la dignité. Toute situation doit garder l'orgueil d'elle-même, monsieur Marcel... Que les parvenus soient fiers de leurs richesses, je ne demande pas mieux, s'ils les ont bien acquises; mais qu'on nous laisse être fiers aussi de ne rien devoir à personne, et que chacun se tienne à sa place, sans convoitise et sans puérile ambition!

MARCEL.

Madame la marquise a parfaitement raison! (A part.) Pauvre Julien! il faut le faire partir d'ici!

SCÈNE IV.

LES MÊMES, JULIEN, MARCEL.

JULIEN.

Eh bien, j'ai vu Dubourg, je... (Voyant la marquise, il jette un cri.) Ah!

MARCEL.

C'est lui, madame, c'est mon cousin le peintre.. votre locataire... et, puisque vous avez des ordres à lui donner, le voilà pour les recevoir.

LA MARQUISE.

Si vous me trouvez installée chez vous en votre absence, monsieur, ne vous en prenez qu'à M. Marcel. Je me plaisais à regarder vos œuvres.

MARCEL, bas, à Julien.

C'est-à-dire qu'elle ne les regardait pas du tout.

LA MARQUISE.

Et, puisque nous voici en présence, pourquoi ne vous dirais-je pas que je désire rentrer en possession de ce pavillon?

JULIEN.

Mais... M. Dubourg et moi, nous étions d'accord... Les réparations sont urgentes, il est vrai; mais, désirant ne pas déménager, je les prends à ma charge, et, dès lors, il est tout à fait indifférent à madame la marquise que j'en sois plus ou moins incommodé.

MARCEL, surpris.

Oui; mais...

JULIEN.

Permets, Marcel, ceci me regarde.

LA MARQUISE.

Alors, monsieur, vous refusez d'accéder à ma demande?

JULIEN.

Votre demande, madame? Je croyais... (Le laquais entre et remet un billet à Marcel.)

LA MARQUISE.

Vous pensiez que c'était seulement une question de...? Qu'est-ce, monsieur Marcel? l'architecte?

MARCEL.

Non, madame, c'est mon oncle, M. Thierry... qui me fait demander pour une affaire pressante... (Bas, à Julien.) Ta réponse pour le mariage en question.

JULIEN.

J'ai dit non.

LA MARQUISE.

Allez, monsieur Marcel, je traiterai cette affaire-ci moi-même.

MARCEL.

Je reviens, madame, c'est tout près. (Bas, à Julien.) Je vais gagner du temps. Tu te raviseras; n'espère rien ici. Orgueil intraitable, mon cher! (Il sort.)

SCÈNE V.

JULIEN, LA MARQUISE.

LA MARQUISE.

Peut-être vous demandait-on aussi?

JULIEN.

Non, madame.

LA MARQUISE.

Eh bien, je vais vous parler franchement. Puisque ce pavillon est réparable, et c'est à moi seule de m'en occuper, je désire y loger une femme de mes amies. Je vous prie donc d'exiger de moi une indemnité légitime pour votre départ, le plus prompt possible.

JULIEN.

Je partirai aujourd'hui, madame. Je ne sais que vous obéir.

LA MARQUISE.

Et M. Marcel fera droit...

JULIEN.

Non, madame. On perd son bonheur, on ne le vend pas.

LA MARQUISE.

Son bonheur? Le vôtre ne peut pas être attaché à la jouissance de ce modeste appartement.

JULIEN.

Pardonnez-moi, il est si clair, si gai, si riant! des fleurs devant ma fenêtre, des gazons de plain-pied, un coin de ciel là-haut, des arbres là-bas, la chanson d'un petit jet d'eau, les moineaux qui me connaissaient... tout cela, c'est le bonheur, c'est la vie d'un pauvre artiste à Paris.

LA MARQUISE.

Eh bien, alors, il m'en coûte de vous affliger. On pourrait s'entendre. Je logerais mon amie au premier étage, et vous garderiez le rez-de-chaussée. Vous avez donc de la vue, ici? (Elle entr'ouvre le rideau.) Ah! mais c'est mon jardin... et cette fenêtre... je croyais cette pièce inhabitée!

JULIEN.

Je ne m'y tiens jamais... que pour travailler, et, comme le jour serait trop vif, je ferme tout.

LA MARQUISE.

Alors, vous ne jouissez pas du tout de cette vue que vous vantiez?

JULIEN.

Quand vous n'êtes pas là, madame...

LA MARQUISE.

Vous savez donc quand j'y suis? Tenez, monsieur Thierry. cette fenêtre me gêne.

JULIEN.

Ah! madame, vous croyez que je me permets...?

LA MARQUISE.

Je ne crois rien du tout. Je n'ai jamais remarqué la personne, t je ne vous soupçonne pas d'être curieux. Ce serait en pure erte, je n'ai pas de secrets, moi! N'importe! on aime à être chez oi, et vous-même, l'œil d'un voisin vous gênerait. Si vous tenez eaucoup à rester ici, je ferai mon possible pour ne pas vous éranger, mais vous trouverez bon que cette ouverture soit nurée.

JULIEN.

Murée? Ah! grands dieux! vous me plongez dans les ténèbres, noi, un peintre!

LA MARQUISE.

Attendez! si je m'oriente bien... les grands et beaux jardins le M. Thierry mon voisin... votre parent... sont par ici.

JULIEN.

Oui; mais...

LA MARQUISE.

On peut ouvrir ici une fenêtre aussi grande que vous la vou-lrez, et M. Thierry ne s'y opposera certainement pas. Vous gagnerez donc tout au change. Parlez-en à votre oncle... et le plus tôt possible, vous m'obligerez. (Voyant l'accablement de Julien.) ous êtes très-nouveau ici, m'a-t-on dit : il n'y a pas plus de leux ou trois mois...

JULIEN.

Deux mois... deux jours, deux heures, c'est parfois l'équiva-ent de toute une vie de souffrances et de délices. Quand je suis enu ici, moi, la douleur d'avoir perdu mon père...

LA MARQUISE.

Un homme de grand talent, je le sais, et fort aimé de tout le nonde!

JULIEN.

Oui, madame, le regret de cette perte était encore bien vif. Je ne sortais pas, je ne vivais plus. La solitude était un besoin en

même temps qu'un supplice. La tranquillité de ce petit réduit m'a
charmé. J'y ai trouvé des idées plus calmes... et aussi plus
vives... un idéal plus élevé, des rêveries, des aspirations sans
fin... tout un monde de désirs sans espoir... Ah ! vos fleurs
sont moins méfiantes et moins cruelles que vous ! Elles ne
se croyaient pas souillées par le regard d'un pauvre amant de
la nature, et Dieu, qui a fait tout ce qui est beau et bon, ne
me faisait pas un crime de l'adorer dans ses divins ouvrages !

LA MARQUISE.

Un esprit aussi élevé que le vôtre trouvera partout de pures
jouissances et des modèles divins. N'en êtes-vous pas entouré ?
Voici chez vous des plantes plus rares que les miennes, et vous
ne devez pas les oublier pour celles du dehors. Vivez pour le bel
art que votre père vous a enseigné, et où sa renommée vous sou-
tiendra. Et, puisque vous aimez à symboliser, songez que les lis ..
en voici un admirable de blancheur !... ne doivent leur éclat qu'à
leur pureté, et trouvez naturel qu'ils aiment l'ombre... et la solitude. Adieu.

JULIEN.

Adieu, madame !... mais, ce lis que vous avez regardé... votre
image... accordez-moi une seule consolation, une seule grâce !
(Il le cueille.)

LA MARQUISE.

Ah ! que faites-vous ?

JULIEN.

Emportez-le.

LA MARQUISE.

Mais... Non, monsieur, je ne l'accepte pas !

JULIEN.

Ah ! malheureux que je suis ! vous me refusez cela !... Oui,
c'est juste, j'oubliais... Pauvre et sans nom, je n'ai même pas le
droit de vous offrir une fleur !

LA MARQUISE.

Ce n'est pas cela, monsieur ; mais je ne reçois de fleurs de personne, et je craindrais le parfum de celle-ci.

SCÈNE VI.

Les Mêmes, MARCEL.

MARCEL.

Vous partez, madame la marquise?

LA MARQUISE.

Dubourg n'arrive pas; vous l'enverrez chez moi, monsieur Marcel. (Elle disparoît.)

MARCEL, à Julien.

L'oncle s'impatiente et s'irrite; tu n'as pas travaillé?... (Voyant le lis coupé.) Ah! grands dieux! qu'as-tu fait, malheureux? c'est un crime!

LA MARQUISE rentre effrayée.

Quoi donc? qu'y a-t-il? (Elle court vers Julien.)

MARCEL, lui montrant le lis.

Un crime! un meurtre! voyez, madame!

LA MARQUISE, tombant sur une chaise.

Ah! que vous m'avez fait peur!

JULIEN.

Peur? Ah! elle s'évanouit! elle est pâle! (Il cherche un verre d'eau.)

LA MARQUISE.

Non! rien... merci... je ne comprends pas... j'ai cru... je ne sais pas ce que j'ai cru! Pourquoi ce cri terrible?

MARCEL.

Je suis désolé de vous avoir effrayée, madame la marquise; mais, si vous saviez!... ah! c'est un suicide, on peut le dire.

LA MARQUISE.

Un suicide? comment? qui?

JULIEN.

Mais je n'y comprends rien non plus. Marcel est fou !

LA MARQUISE.

Ah ! c'est lui ? (Marcel éclate de rire.) Vous riez, à présent ?

MARCEL.

Oui, je ris, je crie, j'enrage, je jurerais, si j'osais ! nous voilà tous éperdus... Calmons-nous, comprenons-nous, et soyez juge, madame la marquise. Vous connaissez de vue ou de réputation notre oncle, l'ex-armateur, le fantasque, l'honnête, le désagréable, le riche M. Thierry ?

JULIEN.

Eh ! qu'importe à madame la marquise...

MARCEL.

Tais-toi, malheureux, tu es sans excuse ! (A la marquise.) Vous avez ouï parler de sa passion pour les oignons ?

LA MARQUISE, étonnée.

Les .. ?

MARCEL.

Oui, les plantes bulbeuses, comme il les appelle, les tulipes, les lis... Celui-ci, à peine éclos en serre chaude, — trente-deux degrés Réaumur ! — m'avait été confié pour que ce maudit barbouilleur en fît une esquisse.

LA MARQUISE.

Oui, je comprends... je vois...

MARCEL.

Non, madame, vous ne voyez que le fait. La conséquence se dérobe aux prévisions. Notre oncle avait résolu... je viens d'en recevoir la confidence... de léguer tous ses biens à Julien ici présent, moyennant certaines conditions...

JULIEN.

Tais-toi ! je...

MARCEL.

Tais-toi ! tu... tu n'as pas le sens commun. Après cet accident

funeste, cette distraction impardonnable ou cette inexplicable ma-
lice, c'en est fait de toi. Je le connais, je vois d'ici sa fureur; il te
renie, il te déshérite. Voilà un lis qui te coûte trois ou quatre
cent mille livres de rente!

LA MARQUISE, à part.

Pauvre jeune homme!... et c'est pour moi!... (Haut.) Courez,
monsieur Marcel. Allez dire à M. Thierry que c'est moi qui ai fait
le mal.

MARCEL.

Vous, madame? Il ne le croira pas.

LA MARQUISE.

C'est pourtant moi. J'ai pris fantaisie de cette fleur, et, sans
savoir ce que je faisais... Allez vite, monsieur Marcel, je prends
tout sur moi.

JULIEN.

Mais je ne veux pas tromper. .

MARCEL.

Mais, moi qui avais répondu de toi, je ne veux pas être accusé... banni! Diable! non, je suis ici en cause. Je cours, je
vole... (Il s'arrête; à part.) Elle n'est pas partie, et je ferai mieux de
savoir à quoi m'en tenir. (Il reste derrière la porte en tapisserie.)

JULIEN.

Que Marcel apaise la colère de l'oncle pour son compte,
quant à moi, je l'affronterai et j'en porterai la peine. Ah! qu'elle
m'eût été douce si...

LA MARQUISE.

Si?...

JULIEN.

Si, au lieu de me refuser avec tant de hauteur, vous eussiez
accepté cette humble offrande!

LA MARQUISE.

Une offrande qui vous coûtera peut-être si cher! Tenez, monsieur, ce que vous avez fait là est déraisonnable, et ce que je vais

vous dire l'est peut-être aussi... Mais, bien loin de vous traiter
avec dédain, comme vous semblez le croire, je me sens émue de
votre étourderie... j'y vois une absence... une absence de raison,
certainement... mais aussi une absence de calcul... et, que vous
soyez blâmable ou non, il m'est impossible de ne pas estimer un
caractère qui oublie si facilement ses intérêts pour ne songer qu'au
plaisir des autres.

JULIEN.

Si c'était un petit plaisir pour vous que de l'accepter... pourquoi l'avoir refusé si durement?

LA MARQUISE.

Durement! je ne croyais pas...

JULIEN.

Durement ou non, pourquoi le refuser?

LA MARQUISE.

Mon Dieu! il y a des choses que l'usage du monde...

JULIEN.

J'ai un peu vu le monde aussi, moi, madame la marquise.
L'esprit et les talents de mon père l'ont fait plus d'une fois recher-
cher par les grands, et, à ses côtés, tout en me tenant à la place
qui appartenait à mon jeune âge, j'ai pu observer ce qui est conve-
nable et ce qui ne l'est pas. Si vous fussiez venue dans l'atelier de
mon père, et qu'il vous eût offert cette fleur, vous ne l'eussiez pas
refusée.

LA MARQUISE.

Non, sans doute; un vieillard a le droit d'être galant, et il y
aurait mauvaise grâce à s'en offenser.

JULIEN.

J'ai donc eu le malheur de vous offenser, moi?

LA MARQUISE.

Mon Dieu! je ne dis pas cela.

JULIEN.

Si fait, j'ai manqué aux usages, j'ai été présomptueux, impar-
tinent...

LA MARQUISE.

Mais... non.

JULIEN.

Pardonnez-moi, puisque vous me chassez de votre voisinage.

LA MARQUISE.

Tenez, monsieur Thierry, il le faut! vous n'êtes pas bien ici;
l'isolement, la rêverie... avec une tête vive, on se crée des chi-
mères, on s'attache à des idées... que l'on croit sérieuses et qui ne
sont que des fantaisies d'artiste, les élans d'un cœur ignorant de
lui-même. Moi, je... je ne sais pourquoi je vous parle de moi...
c'est à propos de ce refus qui vous blesse... Je vis dans une grande
crainte de moi-même. Je n'aime pas à faire souffrir, j'ai hor-
reur des coquettes; mais je crains aussi que ma loyauté ne soit
méconnue et que la plus innocente marque d'abandon ne soit
prise pour une légèreté. Je n'accepte les hommages et les bou-
quets de personne. Je fuis les regards, ma position me commande
cette réserve; et ce que je n'ai point accepté de vous, je ne
l'eusse point accepté d'un duc et pair, je vous prie d'en être
assuré, car c'est la vérité que je vous dis.

JULIEN, saluant.

Adieu donc, madame, et que rien ne trouble la sérénité de
votre âme. La mienne se brise... et, puisque je ne dois plus vous
voir...

LA MARQUISE.

Eh bien?

JULIEN.

Non, rien, madame. En perdant tout, je ne veux pas perdre le
respect que je vous dois.

MARCEL, bas.

Imbécile! si je ne m'en mêle pas... (Haut.) Me voici.

LA MARQUISE.

Ah! Eh bien ?

MARCEL.

Tout est perdu! L'oncle n'a pas cru à ma parole Il ne se connaît plus; il maudit Julien, il le renie... à moins que...

LA MARQUISE.

Que quoi ?

MARCEL.

A moins qu'il n'épouse la présidente.

LA MARQUISE.

Quelle présidente? (Mouvement de Julien pour faire taire Marcel.)

MARCEL.

Non! je la nommerai, pour que madame la marquise soit juge de ta sottise : la présidente de Reuilly !

LA MARQUISE.

Ah! une personne très à la mode, charmante sans être belle, un peu... une femme qui plaît beaucoup. Et pourquoi refuse-t-il un parti si... si flatteur ?

MARCEL.

Parce que monsieur prétend en adorer une autre! et voyez un peu l'absurdité! une autre qui ne l'aime pas, qui méprise les parvenus, qui se trouve trop haut placée pour lui, une autre enfin...

LA MARQUISE.

Que vous connaissez, monsieur Marcel ?

MARCEL.

Non, madame, il ne la nomme pas.

JULIEN.

Je pourrais la nommer à l'univers entier sans la compromettre ! Depuis quand une femme de bien est-elle exposée au blâme parce qu'un fou, un malheureux se meurt pour elle? (Mouvement de Marcel.) Tout est fini pour moi. les joies de la jeunesse, les promesses de l'avenir, les triomphes de l'art, les espérances, les illusions, tout! Il est trop tard pour combattre le mal, cette journée le rend incurable. Je n'ai plus qu'à chérir ma blessure, à me laisser consumer par une passion terrible, et à y succomber sans lâcheté. Que l'on me repousse et me dédaigne, que l'on m'abandonne et me maudisse, je garderai, je veux garder pur et sacré ce feu qui m'embrase et me tue! (Il tombe assis, la tête dans ses mains.)

LA MARQUISE, bas, à Marcel.

Son exaltation m'inquiète... Pauvre cœur troublé! il a l'air si bon et si vrai! Consolez-le, monsieur Marcel, dites-lui...

MARCEL.

Que lui dirai-je?

LA MARQUISE.

Ah! vraiment, je ne sais!... Dites-lui que sa douleur est digne de pitié... (Haut.) Mon Dieu! que voulez-vous qu'on dise? que pourrait-on conseiller à celle qui est aimée ainsi? est-elle libre de tout contrôle? n'a-t-elle personne à ménager? et si, comme il le dit, elle est sans tache, ne doit-elle pas être jalouse de mériter le respect qui l'entoure? Que penserait-on d'elle si elle encourageait les espérances d'un homme qu'elle ne connaît pas? et, pour le connaître, comment voulez-vous qu'elle s'y prenne? L'admettra-t-elle dans son intimité, elle qui n'y a jamais admis aucun autre? Elle doit le plaindre, sans doute... et peut-être qu'elle le plaint beaucoup, car elle doit être bonne; il ne l'aimerait pas vaniteuse, insolente ou prude .. Mais je crois qu'elle fera l'effort de le décourager, dût-elle... (A part.) Ah! cela est cruel! et mon cœur est ici d'une faiblesse que je ne puis plus cacher! (Elle sort en cachant son visage dans son mouchoir.)

SCÈNE VII.

JULIEN, MARCEL.

MARCEL.

Réveille-toi, essuie tes yeux. La partie est gagnée.

JULIEN.

Ah ! laisse-moi. Je suis brisé, Marcel.

MARCEL.

Mais tu ne comprends donc pas? L'oncle ne sait rien de l'accident arrivé à son lis, je n'ai pas été chez lui, je suis resté là, j'ai entendu, je suis rentré à point, et j'ai tout sauvé en parlant de la présidente. Sans mon aide et sans l'à-propos, jamais tu n'aurais osé faire ta déclaration, et c'est à moi que tu dois ce morceau d'éloquence qui a porté coup.

JULIEN.

Tu déraisonnes !

MARCEL.

Non pas ! c'est toi, tu es aveugle ; l'oncle...

JULIEN.

Ah ! de quoi me parles-tu? Il s'agit bien...

MARCEL.

Il s'agit de ça avant tout. Sois aimé de la marquise pour hériter; hérite pour épouser la marquise !

JULIEN.

La marquise est au-dessus...

MARCEL.

De toute cupidité, je le sais ; mais le monde, qui la condamnerait si elle épousait un pauvre peintre, l'absoudra si elle épouse un honnête millionnaire. Et toi-même, oserais-tu accepter sa main, si tu n'avais que privation et misère à lui offrir ? Non, va, les mariages d'amour sont une belle chose, je n'en disconviens pas : j'aime ma femme, je travaille, elle épargne, ça nous occupe et nous lie. Mais, quand on est l'époux d'une marquise, il faut pouvoir la dispenser de l'économie, qui serait pour elle un supplice et une honte. Il faut l'entourer de bien-être et de dignité, il faut être riche, c'est moi qui te le dis, et tu es riche, j'en réponds. Avant trois jours, l'oncle et moi ferons si bien, que la marquise écoutera les propositions qu'elle a rejetées ce matin.

JULIEN.

Que dis-tu? tu as osé...!

MARCEL.

Elle ne sait pas encore que je lui parlais de toi. Elle t'aime aujourd'hui misérable... demain, elle te pardonnera de ne plus l'être!

JULIEN.

Tu mens!... elle ne m'aime pas!

MARCEL.

Attends!... Elle n'est pas loin, va! elle est affreusement inquiète; elle pleurait tout à l'heure.

JULIEN.

Elle pleurait?

MARCEL.

Elle regarde par ici... oui, oui, elle craint ton désespoir.

JULIEN.

Que veux-tu faire?

MARCEL.

Une épreuve. (Très-haut, près de la fenêtre.) Au diable la maudite fleur! au diable les grandes passions qui rendent fou, et les grandes dames qui s'en moquent! Viens, partons, je ne veux pas que tu restes ici un jour de plus, tu mourrais! Allons, viens, je le veux! (Il ouvre et ferme la porte de côté avec bruit, Il pousse Julien derrière un chevalet et se dissimule dans un autre coin.)

JULIEN, bas.

Comment! tu veux, tu crois...?

MARCEL.

Obéis, vite!

JULIEN.

Je tremble.

MARCEL.

Silence!

SCÈNE VIII.

LES MÊMES, LA MARQUISE.

LA MARQUISE.

Parti ! pour toujours, peut-être ! je ne le verrai plus !... Ah ! pourquoi l'ai-je vu ? (Elle prend le lis.) Pauvre fleur ! Pauvre Julien ! Ah ! mais qu'est-ce que j'ai donc, moi ? Mon cœur se brise ! Il était heureux ici, heureux de m'aimer ! et c'est moi qui le chasse, c'est moi qui le tue !... non ! c'est impossible !... mais que faire ? Je ne peux pas courir après lui !... Ah ! je vais lui écrire... lui écrire quoi ? (Écrivant,) « Monsieur. . » Non ! « Julien ! » Tant pis, Julien tout court ! « J'emporte le lis et je l'accepte ! » (Elle baise le lis.)

JULIEN, tombant à ses pieds.

Ah ! merci !

LA MARQUISE.

Julien !

MARCEL, à part.

Allons, allons, un ami heureux, une cousine marquise... et mon étude payée !

FIN.

PARIS. — J. CLAYE, IMPRIMEUR, RUE SAINT-BENOIT, 7.

CATALOGUE

DE

MICHEL LÉVY

FRÈRES

LIBRAIRES ÉDITEURS

ET DE

LA LIBRAIRIE NOUVELLE

PREMIÈRE PARTIE

Nouveaux ouvrages en vente. — Ouvrages divers, format in-8°.
Bibliothèque contemporaine, format gr. in-18. — Bibliothèque nouvelle.
OEuvres complètes de Balzac. — Collection Michel Lévy, form. gr. in-18.
Collection format in-32. — Collection à 50 centimes.
Musée littéraire contemporain, in-4°. — Brochures diverses.
Ouvrages divers.

Tous les ouvrages portés sur ce Catalogue sont expédiés *franco* (contre mandats ou timbres-poste), sans augmentation de prix, excepté les volumes à 1 fr. de la Collection Michel Lévy, auxquels il faut ajouter 25 cent. par volume.

RUE VIVIENNE, 2 BIS
ET BOULEVARD DES ITALIENS, 15
AU COIN DE LA RUE DE GRAMMONT
PARIS
AOUT — 1866

NOUVEAUX OUVRAGES EN VENTE

Format in-8

M. GUIZOT   f. c.

MÉDITATIONS SUR L'ÉTAT ACTUEL DE LA
RELIGION CHRÉTIENNE. 1 vol. . . 6 »

MÉMOIRES POUR SERVIR A L'HISTOIRE
DE MON TEMPS. T. VII. 1 vol. . . 7 50

A. DE LAMARTINE

VIE DE CÉSAR. 1 vol. . . . . . . 5 »

ERNEST RENAN

LES APOTRES. 1 vol. 7 50

F. PONSARD

ŒUVRES COMPLÈTES. 2 vol. . . . .15 »

ALEXANDRE DUMAS FILS

AFFAIRE CLÉMENCEAU. — Mémoire de
l'accusé. — 3e édition. 1 vol. . . 6 »

THOMAS ERSKINE MAY
Traduction Cornélis de Witt

HISTOIRE CONSTITUTIONNELLE DE L'AN-
GLETERRE (1760-1860), précédée
d'une introduction. 2 vol. . . . .12 »

ALEXIS DE TOCQUEVILLE

ÉTUDES ÉCONOMIQUES, POLITIQUES ET
LITTÉRAIRES (t. 9 des OEuv. complètes). 1 vol. . . . . 6 »

LE PRINCE L. CZARTORYSKI

ALEXANDRE Ier ET LE PRINCE CZARTO-
RYSKI. Correspondance particulière
et conversations publiées avec une
introduction. 1 vol. 7 50

MICHEL NICOLAS

ÉTUDES SUR LES ÉVANGILES APOCRYPHES
1 vol. 7 50

A. KUENEN
Traduction A. Pierson

HISTOIRE CRITIQUE DES LIVRES DE
L'ANCIEN TESTAMENT, avec une pré-
face d'Ernest Renan. 1re partie.—
Livres historiques. 1 vol. 7 50

AD. FRANCK

RÉFORMATEURS ET PUBLICISTES DE
L'EUROPE. Moyen-âge et renaissance. 1 vol. 7 50

LORD MACAULAY
Traduction Guillaume Guizot

ESSAIS SUR L'HISTOIRE D'ANGLETERRE.
1 vol. . . . . 6 »

L. DE VIEL-CASTEL

HISTOIRE DE LA RESTAURATION.
tome IX. 1 vol. . . . . 6 »

DUVERGIER DE HAURANNE

HISTOIRE DU GOUVERNEMENT PARLE-
MENTAIRE EN FRANCE (1814-1848).
Tome VII. 1 vol. 7 50

Format gr. in-18 à 3 fr. le vol.

GEORGE SAND   vol.

MONSIEUR SYLVESTRE. 1 vol. 1

MARIO UCHARD

UNE DERNIÈRE PASSION. 1

DANIEL STERN

NÉLIDA. 1

PRÉVOST-PARADOL
de l'Académie française

QUELQUES PAGES D'HISTOIRE CONTEM-
PORAINE. Lettres politiques, 3e série . 1

ERNEST FEYDEAU

DU LUXE, DES FEMMES, DES MŒURS,
DE LA LITTÉRATURE ET DE LA
VERTU. 1

L'AUTEUR DU PÉCHÉ DE MADELEINE

FLAMEN. 1

LA COMTESSE DASH

LE ROMAN D'UNE HÉRITIÈRE. 1

AURÉLIEN SCHOLL

HÉLÈNE HERMANN. Histoire d'un premier amour. 1

EDMOND SCHÉRER

ÉTUDES SUR LA LITTÉRATURE. 3e série. 1

THÉOPHILE GAUTIER

LA BELLE JENNY. 1

JULES NORIAC

LE CAPITAINE SAUVAGE. 1

L'AUTEUR DES HORIZONS PROCHAINS

CAMILLE. 2e édition. 1

HENRI RIVIÈRE

LE CACIQUE. 1

ARSÈNE HOUSSAYE

LES AVENTURES GALANTES DE MARGOT . 1

CHARLES MONSELET

LA FIN DE L'ORGIE. 1

MÉRY

LA VÉNUS D'ARLES. 1

ÉDOUARD OURLIAC

THÉÂTRE DU SEIGNEUR CROQUIGNOLE. . 1

PROSPER MÉRIMÉE
de l'Académie française

LES COSAQUES D'AUTREFOIS. 1

CUVILLIER-FLEURY
de l'Académie française

ÉTUDES ET PORTRAITS. 1

A. DE PONTMARTIN

ENTRE CHIEN ET LOUP. 2e édition. . . . 1

C.-A. SAINTE-BEUVE
de l'Académie française

NOUVEAUX LUNDIS. Tome 5. 1

HENRI HEINE

DRAMES ET FANTAISIES. . . . . . . 1)

ALEXANDRE DUMAS

THÉÂTRE COMPLET. Tome XIV et dernier. 1.

OUVRAGES DIVERS
Format In-8

J.-J. AMPÈRE f. c.

CÉSAR, Scènes historiques. 1 vol. . 7 50
L'HISTOIRE ROMAINE A ROME, avec des
plans topographiques de Rome à
diverses époques. 2e édit. 4 vol. 30 »
L'EMPIRE ROMAIN A ROME. 2 vol. . 15 »
MÉLANGES LITTÉRAIRES (S. presse) 2 v. 12 »
PROMENADE EN AMÉRIQUE. — États-
Unis, Cuba, Mexique. 3e édit. 2 v. 12 »
VOYAGE EN ÉGYPTE ET EN NUBIE
(Sous presse). 1 vol. 7 50

***

MAD. LA DUCH. D'ORLÉANS. 6e éd. 1 v. 6 »

***

ALESIA. Étude sur la septième campagne de César en Gaule. Avec 2
cartes (Alise et Alaise). 1 vol. 6 »

***

L'ANGLETERRE, études sur le Self-Go-
vernment. 1 vol. . . . . . . 5 »

J. AUTRAN

LE CYCLOPE, d'après Euripide. 1 vol. 3 »
LE POÈME DES BEAUX JOURS. 1 vol. . 5 »

J. BARTHÉLEMY SAINT-HILAIRE

LETTRES SUR L'ÉGYPTE. 1 vol. . . . 7 50

L. BABAUD-LARIBIÈRE

ÉTUDES HIST. ET ADMINISTR. 2 vol. 12 »

L. BAUDENS

Memb. du conseil de santé des armées
LA GUERRE DE CRIMÉE. — Les campements, les abris, les ambulances,
les hôpitaux, etc. 1 vol. . . . . 6 »

IS. BÉDARRIDE

LES JUIFS EN FRANCE, EN ITALIE ET
EN ESPAGNE. 2e édition, revue
et corrigée. 1 vol. 7 50

LA PRINCEsse DE BELGIOJOSO

ASIE-MINEURE ET SYRIE. Souvenirs
de Voyage. 1 vol. 7 50
HIST. DE LA MAISON DE SAVOIE. 1 v. 7 50

J.-B. BIOT de l'Acad. des Sc. et de l'Ac. fr.

ÉTUDES SUR L'ASTRONOMIE INDIENNE ET
SUR L'ASTRONOMIE CHINOISE. 1 v. 7 50
MÉLANGES SCIENTIFIQUES ET LITTÉ-
RAIRES. 3 vol. 22 50

CORNELIUS DE BOOM

UNE SOLUT. POLIT. ET SOCIALE. 1 vol. 6 »

FRANÇOIS DE BOURGOING

HISTOIRE DIPLOMATIQUE DE L'EUROPE
PENDANT LA RÉVOL. FRANÇAISE. 1 v. 7 50

M.-L. BOUTTEVILLE

LA MORALE DE L'ÉGLISE ET LA MO-
RALE NATURELLE. 1 vol. 7 50

LE PRINCE A. DE BROGLIE f. c.

QUESTIONS DE RELIGION ET D'HIS-
TOIRE. 2 vol. . . . . 15 »

CAMOIN DE VENCE

MAGISTRATURE FRANÇAISE, son action
et son influence sur l'état de la société aux diverses époques. 1 vol. 6 »

AUGUSTE CARLIER

DE L'ESCLAVAGE dans ses rapports
avec l'Union américaine. 1 vol. . 6 »
HISTOIRE DU PEUPLE AMÉRICAIN. —
États-Unis — et de ses rapports
avec les Indiens. 2 vol. . . . . 12 »

J. COHEN

LES DÉICIDES. Examen de la Vie
de Jésus et des développements de
l'Eglise chrétienne dans leurs rapports avec le judaïsme. 2e édit.
revue, corrigée. 1 vol. . . . . 6 »

A. DE COSTER

LÉGENDES FLAMANDES. 1 vol. . . . 6 »

J.-J. COULMANN

RÉMINISCENCES. 2 vol. . . . . . 10 »

VICTOR COUSIN de l'Acad. française

PHILOSOPHIE DE KANT. 1 vol. . . . 5 »
PHILOSOPHIE ÉCOSSAISE. 1 vol. . . 5 »

J. CRETINEAU-JOLY

LE PAPE CLÉMENT XIV, lettre au Père
Theiner. 1 vol. . . . . 3 »

A. BEN-BARUCH CRÉHANGE

LES PSAUMES, traduct. nouv. 1 vol. 10 »

LE PRINCE L. CZARTORYSKI

ALEXANDRE 1er ET LE PRINCE CZAR-
TORYSKI. Correspondance particulière et conversations, publiées
avec une Introduction. 1 vol. . . 7 50

LE GÉNÉRAL E. DAUMAS

LE GRAND DÉSERT : Itinéraire d'une
Caravane du Sahara au pays des
Nègres (royaume de Haoussa),
suivi d'un Vocabulaire d'histoire
naturelle et du code de l'esclavage
chez les musulmans, avec une carte
coloriée. Nouv. édition. 1 vol. . 6 »

MARIA DERAISME

LE THÉATRE CHEZ SOI. 1 vol. . . . 6 »

CH. DESMAZE

LE PARLEMENT DE PARIS. 1 vol. . . 5 »

CAMILLE DOUCET

COMÉDIES EN VERS. 2 vol . . . . 12 »

MAXIME DU CAMP

LES CONVICTIONS. 1 vol. . . . . . 5 »

A. DU CASSE   f. c.

DU SOIR AU MATIN. Scènes de la vie militaire. 1 vol. . . . . . . 5 »

Mme DU DEFFAND

CORRESPONDANCE COMPLÈTE AVEC LA DUCHESSE DE CHOISEUL, L'ABBÉ BARTHÉLEMY ET M. CRAUFURT. Nouvelle édit., revue et augm. avec introd. par *M. de Sainte-Aulaire.* 3 v. 22 50

ALEXANDRE DUMAS FILS

AFFAIRE CLÉMENCEAU. — Mémoire de l'accusé. — 3ᵉ *édition.* 1 vol. . . 6 »

DUMONT DE BOSTAQUET

MÉMOIRES INÉDITS , publiés par *Ch. Read et Fr. Waddington.* 1 v. 7 50

CHARLES DUVEYRIER

L'AVENIR ET LES BONAPARTE. 1 vol. . 6 »

DUVERGIER DE HAURANNE

HISTOIRE DU GOUVERNEMENT PARLEMENTAIRE EN FRANCE (1814-1848). 7 vol. 52-50

LE BARON ERNOUF

HIST. DE LA DERNIÈRE CAPITULATION DE PARIS. Événem. de 1815. 1 vol. 6 »

LE PRINCE EUGÈNE

MÉMOIRES ET CORRESPONDANCE POLITIQUE ET MILITAIRE, publiés par *A. Du Casse.* 10 vol. . . . 60 »

J. FERRARI

HISTOIRE DE LA RAISON D'ÉTAT. 1 v. 7 50

GUSTAVE FLAUBERT

SALAMMBO. 4ᵉ *édition.* 1 vol. . . . 6 »

A. DE FLAUX

SONNETS. 1 vol. . . . . 5 »

LE COMTE DE FORBIN

CHARLES BARIMORE. *N. édition.* 1 vol. 3 »

AD. FRANCK *de l'Institut*

ÉTUDES ORIENTALES. 1 vol. 7 50
RÉFORMATEURS ET PUBLICISTES DE L'EUROPE. Moyen-âge et Renaiss. 1 vol. 7 50

H. GACHARD

DON CARLOS ET PHILIPPE II. 2ᵉ édit. 1 vol. 7 50

G. GANESCO

DIPLOMATIE ET NATIONALITÉ. 1 vol. . 2 »

Cte AGÉNOR DE GASPARIN

L'AMÉRIQUE DEVANT L'EUROPE. 1 vol. 6 »
UN GRAND PEUPLE QUI SE RELÈVE, LES ÉTATS-UNIS EN 1861. 1 vol. . 5 »

G.-G. GERVINUS

Trad. J.-F. Minssen et L. Syouk.
INSURRECTION ET RÉGÉNÉRATION DE LA GRÈCE. 2 vol. . . . . 16 »

ÉMILE DE GIRARDIN   f. c.

QUESTIONS DE MON TEMPS. 12 vol. . 72 »

ÉDOUARD GOURDON

HISTOIRE DU CONGRÈS DE PARIS. 1 vol. 5 »

ERNEST GRANDIDIER

VOYAGE DANS L'AMÉRIQUE DU SUD. 1 v. 5 »

F. GUIZOT

LA CHINE ET LE JAPON, par *Laurence Oliphant.* Trad. nouv. 2 v. 12 »
L'ÉGLISE ET LA SOCIÉTÉ CHRÉTIENNES. 4ᵉ *édition.* 1 vol. . . . . 5 »
HISTOIRE DE LA FONDATION DE LA RÉPUBLIQUE DES PROVINCES-UNIES, par *J. Lothrop Motley,* trad. nouvelle, précédée d'une grande introduction (l'*Espagne et les Pays-Bas aux* XVIᵉ *et* XIXᵉ *siècles*). 4 vol. . 24 »
HISTOIRE PARLEMENTAIRE DE FRANCE. Recueil complet des discours de M. Guizot dans les Chambres, de 1819 à 1848, accompagnés de résumés historiques et précédés d'une introduction ; formant le complément des *Mémoires pour servir à l'histoire de mon temps.* 5 vol. 37 50
MÉDITATIONS SUR L'ESSENCE DE LA RELIGION CHRÉTIENNE. 1 vol. . . 6 »
MÉDITATIONS SUR L'ÉTAT ACTUEL DE LA RELIGION CHRÉTIENNE. 1 vol. . 6 »
MÉMOIRES pour servir à l'histoire de mon temps. 2ᵉ *édition.* 7 vol. . 52 50
LE PRINCE ALBERT, son caractère et ses discours, traduit par ***, et précédé d'une préface. 1 vol. . . 6 »
WILLIAM PITT ET SON TEMPS, par *lord Stanhope,* traduction précédée d'une introduction. 4 vol. . . . . 24 »

ROBERT HOUDIN

TRICHERIES DES GRECS DÉVOILÉES. 1 v. 5 »

ARSÈNE HOUSSAYE

MADEMOISELLE CLÉOPÂTRE. 7ᵉ *éd.* 1 v. 6 »

VICTOR HUGO

LA LÉGENDE DES SIÈCLES. 2 vol. . . 15 »

VICTOR JACQUEMONT

CORRESPONDANCE INÉDITE avec sa famille, ses amis, et les professeurs du Muséum d'histoire naturelle, pendant ses voyages à Saint-Domingue et dans l'Inde, 1825-1832, précédée d'une notice par *V. Jacquemont neveu,* et d'une introduction de *Pr. Mérimée.* 2 vol. . 12 »

PAUL JANET

PHILOSOPHIE DU BONHEUR. 2ᵉ *édit.* 1 v. 7 50

JULES JANIN

LES GAÎTÉS CHAMPÊTRES. 2 vol. . . 12 »
LA RELIGIEUSE DE TOULOUSE. 2 vol. 12 »

ALPHONSE JOBEZ f. c.
LA FEMME ET L'ENFANT. 1 vol. . . . 5 »

***
ÉTUDES SUR LA MARINE :
L'escadre de la Méditerranée. —
La Question chinoise.—La Marine
à vapeur dans les guerres continen-
tales. 1 vol. 7 50

A. KUENEN — *Trad. A. Pierson*
HISTOIRE CRITIQUE DES LIVRES DE
L'ANCIEN TESTAMENT, avec une
préface par *Ernest Renan*. 1 vol. . 7 50

LAMARTINE
ANTONIELLA. 1 vol. . . . . . . 6 »
GENEVIÈVE. Hist. d'une Servante. 1 vol. . 5 »
NOUVELLES CONFIDENCES. 1 vol. . . 5 »
TOUSSAINT LOUVERTURE. 1 vol. . . 5 »
VIE DE CÉSAR. 1 vol. . . . . . 5 »

CHARLES LAMBERT
L'IMMORTALITÉ SELON LE CHRIST. 1 v. 7 50
LE SYSTÈME DU MONDE MORAL. 1 vol. 7 50

DE LAROCHEFOUCAULD (duc de Doudeauville)
MÉMOIRES. 15 vol. 112 50

JULES DE LASTEYRIE
HISTOIRE DE LA LIBERTÉ POLITIQUE
EN FRANCE. 1re *Partie*. 1 vol. . 7 50

DE LATENA
ÉTUDE DE L'HOMME. 3e édit. 1 vol. 7 50

LATOUR DE SAINT-YBARS
VIE DE NÉRON. 1 vol. 7 50

LÉONCE DE LAVERGNE
LES ASSEMBLÉES PROVINCIALES SOUS
LOUIS XVI. 1 vol. 7 50

JULES LE BERQUIER
LA COMMUNE DE PARIS. 1 vol. . . 3 »

VICTOR LE CLERC ET **ERNEST RENAN**
HISTOIRE LITTÉRAIRE DE LA FRANCE
AU XIVe SIÈCLE. 2 vol. . . . . 16 »

CHARLES LENORMANT
BEAUX-ARTS ET VOYAGES, précédés
d'une lettre de *M. Guizot*. 2 vol. 15 »

L. DE LOMÉNIE
BEAUMARCHAIS ET SON TEMPS. Études
sur la Société en France au XVIIIe
siècle. 2e édition. 2 vol. . . . . 15 »

LORD MACAULAY *Traduct. G. Guizot*
ESSAIS HIST. ET BIOGRAPHIQUES. 2 v. 12 »
—POLIT. ET PHILOSOPHIQUES. 1 vol. 6 »
—LITTÉRAIRES. 1 vol. . . . . . 6 »
—SUR L'HIST. D'ANGLETERRE. 1 vol. 6 »

JOSEPH DE MAISTRE
CORRESPONDANCE DIPLOMATIQUE (1811-
1817), publiée par *A. Blanc*. 2 vol. 15 »
MÉMOIRES POLITIQUES ET CORRESPON-
DANCE DIPLOMATIQUE, avec explica-
tions, etc., par *Albert Blanc*. 1 v. 6 »

LE COMTE DE MARCELLUS f. c.
CHATEAUBRIAND ET SON TEMPS. 1 vol. 7 50
LES GRECS ANCIENS ET LES GRECS
MODERNES. Études littér. 1 vol. . 7 50
SOUVENIRS DIPLOMATIQUES. Corres-
pondance intime de M. de Chateau-
briand. *Nouv. édition*. 1 vol. . . 5 »
VINGT JOURS EN SICILE. 1 vol. . . . 5 »

J. MARTIN PASCHOUD
LIBERTÉ, VÉRITÉ, CHARITÉ. 1/2 vol. . 2 »

LE DOCTEUR FÉLIX MAYNARD
SOUVENIRS D'UN ZOUAVE DEVANT SÉ-
BASTOPOL. 2 vol. . . . . . . 6 »

J.-H. MERLE D'AUBIGNÉ
HISTOIRE DE LA RÉFORMATION EN
EUROPE AU TEMPS DE CALVIN. 3 vol. 22 50

MÉRY
NAPOLÉON EN ITALIE. Poëme. 1 vol. . 5 »

LE COMTE MIOT DE MÉLITO
*Ancien ambassadeur, ministre, conseil-
ler d'État et membre de l'Institut*
SES MÉMOIRES, publiés par sa famille
(1788-1815). 3 vol. . . . . . . 18 »

Mme A. MOLINOS-LAFITTE
SOLITUDES. 2e *édition*. 1 vol. . . . 5 »

LE COMTE DE MONTALIVET
LE ROI LOUIS-PHILIPPE (liste civile).
*Nouv. édit., entièrement revue et
consid. augm. de notes, pièces, etc.,
avec portrait et fac-simile du roi,
le plan du château de Neuilly*. 1 v. 6 »

MORTIMER-TERNAUX
HISTOIRE DE LA TERREUR. (1792-1794),
d'après des documents authenti-
ques et inédits. Tome I à IV. 4 vol. 24 »

LE BARON DE NERVO
LES BUDGETS DE LA FRANCE ET DE
L'ANGLETERRE. 1 vol. 7 50
LES FINANCES FRANÇAISES SOUS L'AN-
CIENNE MONARCHIE, LA RÉPUBLIQUE,
LE CONSULAT ET L'EMPIRE. 2 vol. . 15 »
LES FINANCES FRANÇAISES SOUS LA
RESTAURATION. 1 vol. 7 50

MICHEL NICOLAS
DES DOCTRINES RELIGIEUSES DES JUIFS
pendant les deux siècles antérieurs
à l'Ère chrétienne. 1 vol. 7 50
ESSAIS DE PHILOSOPHIE ET D'HISTOIRE
RELIGIEUSE. 1 vol. 7 50
ÉTUDES CRITIQUES SUR LA BIBLE.
Ancien Testament. 1 vol. . . . 7 50
ÉTUDES CRITIQUES SUR LA BIBLE.
Nouveau Testament. 1 vol. . . . 7 50
ÉTUDES SUR LES ÉVANGILES APOCRY-
PHES. 1 vol. 7 50

CHARLES NISARD
LES GLADIATEURS DE LA RÉPUBLIQUE
DES LETTRES. 2 vol. . . . . . 15 »

CASIMIR PERIER

f. c.

LES FINANCES DE L'EMPIRE. 1/2 vol. . 1 »
LES FINANCES ET LA POLITIQUE. 1 vol. 5 »
LE TRAITÉ AVEC L'ANGLETERRE.
2e édit. rev. et augm. 1/2 vol. . . 1 50

GEORGES PERROT

SOUVENIRS D'UN VOYAGE EN ASIE-
MINEURE. 1 vol. 7 50

A. PEYRAT

HISTOIRE ÉLÉMENTAIRE ET CRITIQUE
DE JÉSUS, 3e édition. 1 vol. . . . 7 50

A. PHILIPPE

ROYER-COLLARD. Sa vie publique, sa
vie privée, sa famille. 1 vol. . . 5 »

L'ABBÉ PIERRE

CONSTANTINOPLE, JÉRUSALEM ET ROME,
avec un plan de Jérusalem et une
carte des côtes orientales de la
Méditerranée. 2 vol. . . . . . 15 »

F. PONSARD de l'Académie française

ŒUVRES COMPLÈTES. 2 vol. . . . . 15 »

LE COMTE DE PONTÉCOULANT

SOUVENIRS HISTORIQUES ET PARLEMEN-
TAIRES, extraits de ses papiers et
de sa corresp. (1764-1848). 4 vol. 24 »

PRÉVOST-PARADOL
de l'Académie française

ÉLISABETH ET HENRI IV (1595-1598).
2e édition. 1 vol. . . . . 6 »
ESSAIS DE POLITIQUE ET DE LITTÉ-
RATURE. 2e édition. 1 vol. . . . 7 50
NOUVEAUX ESSAIS DE POLITIQUE ET DE
LITTÉRATURE. 1 vol. 7 50
ESSAIS DE POLITIQUE ET DE LITTÉRA-
TURE. 3e série. 1 vol. 7 50

EDGAR QUINET

HISTOIRE DE LA CAMPAGNE DE 1815.
1 vol. avec une carte. 7 50
MERLIN L'ENCHANTEUR. 2 vol. . . 15 »

JOSEPH DE RAINNEVILLE

LA FEMME DANS L'ANTIQUITÉ ET D'A-
PRÈS LA MORALE NATURELLE. 1 vol. 7 50

Mme RÉCAMIER

SOUVENIRS ET CORRESPONDANCE tirés
de ses papiers. 3e édition. 2 vol. 15 »
COPPET ET WEIMAR — MADAME DE
STAEL ET LA GRANDE-DUCHESSE
LOUISE. Récits et Correspondan-
ces, par l'auteur des Souvenirs de
Madame Récamier. 1 vol. . . 7 50

CH. DE RÉMUSAT

f. c.

de l'Académie française

POLITIQUE LIBÉRALE, ou Fragments
pour servir à la défense de la révolution française. 1 vol. 7 50

ERNEST RENAN

LES APOTRES. 1 vol. 7 50
AVERROÈS ET L'AVERROISME, essai his-
torique. 2e édition. 1 vol. . . . 7 50
LE CANTIQUE DES CANTIQUES, traduit
de l'hébreu, avec une étude sur le
plan, l'âge et le caractère du poème.
2e édition. 1 vol. . . . . 6 »
LA CHAIRE D'HÉBREU AU COLLÈGE DE
FRANCE. 3e édit. Brochure. . . . 1 »
DE L'ORIGINE DU LANGAGE. 4e édition.
1 vol. . . . . 6 »
DE LA PART DES PEUPLES SÉMI-
TIQUES DANS L'HISTOIRE DE LA
CIVILISATION. 5e édit. Brochure. 1 »
ESSAIS DE MORALE ET DE CRITIQUE.
3e édition. 1 vol. 7 50
ÉTUDES D'HISTOIRE RELIGIEUSE.
6e édition. 1 vol. 7 50
HISTOIRE GÉNÉRALE DES LANGUES SÉ-
MITIQUES. 4e édition revue et
augmentée. 1 vol . . . . 12 »
HISTOIRE LITTÉRAIRE DE LA FRANCE
AU XIVe SIÈCLE. 2 vol. . . . . 16 »
LE LIVRE DE JOB, traduit de l'hébreu,
avec une étude sur l'âge et le ca-
ractère du poème. 3e édition. 1 vol. 7 50
VIE DE JÉSUS. 12e édition. 1 vol. . . 7 50

D. JOSÉ GUELL Y RENTÉ

CONSIDÉRATIONS POLITIQUES ET LITTÉ-
RAIRES. 1 vol. . . . . 5 »
PENSÉES CHRÉTIENNES, POLITIQUES
ET PHILOSOPHIQUES. 1 vol. . . . 5 »

LOUIS REYBAUD de l'Institut

ÉCONOMISTES MODERNES. 1 vol. . . 7 50
ÉTUDES SUR LE RÉGIME DES MANU-
FACTURES. — La soie. 1 vol. . . 7 50
LE COTON. Son régime, ses problè-
mes, son influence en Europe. 1 vol. 7 50
LA LAINE. 3e série des Études sur le
régime des manufactures. 1 vol. 7 50

LE COMTE R. R.

LA JUSTICE ET LA MONARCHIE POPU-
LAIRE. 1re partie : La Guerre
d'Orient. 1 vol. . . . . 3 »

H. RODRIGUES

LES TROIS FILLES DE LA BIBLE.
1re aux Israélites. Brochure. . . 1 »
2e aux Israélites. — 3e aux Chré-
tiens — 4e aux Protestants. 1 vol. 5 »
5e aux Philosophes. 1 vol. . . . 2 »
6e aux Mahométans — 7e spéciale
aux Catholiques. 1 vol. . . . . 3 »

J.-J. ROUSSEAU

fr. c.

ŒUVRES ET CORRESPONDANCE INÉDITES, publiées par *M. Streckeisen-Moullou*. 1 vol. 7 50

J.-J. ROUSSEAU, SES AMIS ET SES ENNEMIS. Corresp. publ. par *M. Streckeisen-Moullou*, avec introd. de *M. J. Levallois* et une appréciat. crit. de *M. Sainte-Beuve*. 2 vol. 15 »

LE MARÉCHAL DE SAINT-ARNAUD

LETTRES, avec pièces justificatives. 2e édit.; une notice de *M. Sainte-Beuve*. 2 vol. ornés du portrait et d'un autographe. . . . . . . 12 »

SAINTE-BEUVE de l'Acad. française

POÉSIES COMPLÈTES — JOSEPH DELORME — LES CONSOLATIONS — PENSÉES D'AOUT. *N. édition*. 2 vol. 10 »

SAINT-MARC GIRARDIN de l'Acad. fr.

SOUVENIRS ET RÉFLEXIONS POLITIQUES D'UN JOURNALISTE. 1 vol. . . 7 50

LA FONTAINE ET LES FABULISTES. 2 vol. 15 »

SAINT-RENÉ TAILLANDIER

ÉTUDES SUR LA RÉVOLUTION EN ALLEMAGNE. 2 vol. . . . . 15 »

MAURICE DE SAXE. Étude historique d'après des documents inédits. 1 vol. 7 50

J. SALVADOR

HISTOIRE DES INSTITUTIONS DE MOÏSE ET DU PEUPLE HÉBREU. 3e édition, revue et augmentée. 2 vol. . . 15 »

JÉSUS-CHRIST ET SA DOCTRINE. Histoire de la naissance de l'Église et de ses progrès pendant le premier siècle. *Nouv. édit. augment.* 2 v. 15 »

PARIS, ROME, JÉRUSALEM. Question religieuse au xixe siècle. 2 vol. . . 15 »

MAURICE SAND

RAOUL DE LA CHASTRE. 1 vol. . . . 6 »

SANTIAGO ARCOS

LA PLATA. Étude historique. 1 vol. 10 »

EDMOND SCHERER

MÉLANGES D'HISTOIRE RELIGIEUSE. 1 v. 7 50

DE SÉNANCOUR

RÊVERIES. 3e édition. 1 vol. . . 5 »

JAMES SPENCE

L'UNION AMÉRICAINE. 1 vol. . . . . 6 »

A. DE TOCQUEVILLE

ŒUVRES COMPLÈTES

L'ANCIEN RÉGIME ET LA RÉVOLUTION. 4e édition. 1 vol. . . . . . . 6 »

DE LA DÉMOCRATIE EN AMÉRIQUE. *Nouvelle édition*. 3 vol. . . . . 18 »

ÉTUDES ÉCONOMIQUES, POLITIQUES ET LITTÉRAIRES. 1 vol. . . . . 6 »

A. DE TOCQUEVILLE (*Suite*)

fr. c.

MÉLANGES. Fragments historiques et Notes. 1 vol. . . . . 6 »

ŒUVRES ET CORRESPONDANCE INÉDITES. Introd. de *M. G. de Beaumont* 2 v. 15 »

NOUVELLE CORRESPONDANCE, entièrement inédite. 1 vol. . . . . . . 6 »

E. DE VALBEZEN

LES ANGLAIS ET L'INDE, avec notes, etc. 3e édition. 1 vol. 7 50

OSCAR DE VALLÉE

ANTOINE LEMAISTRE ET SES CONTEMPORAINS. 2e édition. 1 vol. . . 7 50

LE DUC D'ORLÉANS ET LE CHANCELIER D'AGUESSEAU. 1 vol. 7 50

LE DUC DE VALMY

LE PASSÉ ET L'AVENIR DE L'ARCHITECTURE. 1 vol. . . . . 5 »

PAUL VARIN

EXPÉDITION DE CHINE. 1 vol. . . . 5 »

LE DOCTEUR L. VÉRON

QUATRE ANS DE RÈGNE. OÙ EN SOMMES-NOUS? 1 vol. . . . . . . 5 »

LOUIS DE VIEL-CASTEL

HISTOIRE DE LA RESTAURATION. 9 vol. 54 »

ALFRED DE VIGNY de l'Acad. franç.

ŒUVRES COMPLÈTES (nouvelle édition)

CINQ-MARS. Avec autographes de Richelieu et de Cinq-Mars. 1 vol. . . 5 »

LES DESTINÉES. Poëmes philos. 1 vol. 6 »

POÉSIES COMPLÈTES. 1 vol. . . . . . 5 »

SERVITUDE ET GRANDEUR MILITAIRES. 1 vol. . . . . 5 »

STELLO. 1 vol. . . . . 5 »

THÉATRE COMPLET. 1 vol. . . . . . 5 »

VILLEMAIN de l'Académie française

LA TRIBUNE MODERNE :

1re PARTIE. — M. DE CHATEAUBRIAND, sa vie, ses écrits, son influence litt. polit. sur son temps. 1 v. 7 50

2e PARTIE (*Sous presse*). 1 vol. 7 50

L. VITET de l'Académie française

L'ACADÉMIE ROYALE DE PEINTURE ET DE SCULPTURE. Étude hist. 1 vol. 6 »

LE LOUVRE. Étude historique, revue et augmentée (Sous pr.). 1 vol. 6 »

CORNELIS DE WITT

L'ANGLETERRE POLITIQUE ET RELIGIEUSE (1815-1860). 2 vol. . . 12 »

HISTOIRE CONSTITUTIONNELLE DE L'ANGLETERRE (1760-1860) par *Thomas Erskine May*, traduite et précédée d'une introduction. 2 vol. . . . . 12 »

LE RÉV. CHRISTOPHER WORDSWORT

DE L'ÉGLISE ET DE L'INSTRUCTION PUBLIQUE EN FRANCE. 1 vol. . . . . 5 »

BIBLIOTHÈQUE CONTEMPORAINE
ET COLLECTION DE LA LIBRAIRIE NOUVELLE
Format grand in-18 à 3 francs le volume

EDMOND ABOUT   vol.
LETTRES D'UN BON JEUNE HOMME A SA COUSINE. 2ᵉ *édition.* 1
DERNIÈRES LETTRES D'UN BON JEUNE HOMME A SA COUSINE 1

AMÉDÉE ACHARD
LA CHASSE ROYALE. 2
LES CHATEAUX EN ESPAGNE. 1
LES PETITS-FILS DE LOVELACE 1
LES RÊVEURS DE PARIS. 1

ALARCON
THÉATRE, traduit par *Alph. Royer.* . 1

***
LES ZOUAVES ET LES CHASSEURS A PIED. 1

***
VARIA.-Morale.-Politique.-Littérature. 5

***
UN MARI EN VACANCES. 1

ALFRED ASSOLLANT
D'HEURE EN HEURE 1
GABRIELLE DE CHÉNEVERT. 1

ALBERT AUBERT
LES ILLUSIONS DE JEUNESSE DE M. BOUDIN. 1

XAVIER AUBRYET
LES JUGEMENTS NOUVEAUX 1

L'AUTEUR de Mᵐᵉ la duch. d'Orléans
VIE DE JEANNE D'ARC. 2ᵉ *édition* . 1

L'AUTEUR des Etudes sur la marine
GUERRE D'AMÉRIQUE. Campagne du Potomac. 1

L'AUTEUR du *Vaste Monde*
ÉLÉONORE POWLE 2

J. AUTRAN
ÉPÎTRES RUSTIQUES 1
LABOUREURS ET SOLDATS. 2ᵉ *édition.* 1
LES POÈMES DE LA MER. *Nouv. édition.* 1

AUGUSTE AVRIL
SALTIMBANQUES ET MARIONNETTES . . . 1
LE Cᵗᵉ CÉSAR BALBO *Trad. J. Amigues*
HISTOIRE D'ITALIE. 2ᵉ *édition.* . . . 2

THÉODORE DE BANVILLE
LES PARISIENNES DE PARIS. 1

CH. BARBARA
HISTOIRES ÉMOUVANTES 1

J. BARBEY D'AUREVILLY
LE CHEVALIER DES TOUCHES 1
LES PROPHÈTES DU PASSÉ 1

ALEX. BARBIER   vol.
LETTRES FAMILIÈRES SUR LA LITTÉRATURE. 1

J. BARTHÉLEMY SAINT-HILAIRE
LETTRES SUR L'ÉGYPTE. 2ᵉ *édition.* 1

CH. BATAILLE — E. RASETTI
ANTOINE QUÉRARD. Drames de Village. 2

L. BAUDENS
LA GUERRE DE CRIMÉE. Les Campements, les Abris, les Ambulances, les Hôpitaux, etc. 2ᵉ *édition* . . 1

GUSTAVE DE BEAUMONT
L'IRLANDE SOCIALE, POLIT. ET RELIGIEUSE 7ᵉ *édit.,rev.et corrigée.* 2

ROGER DE BEAUVOIR
DUELS ET DUELLISTES 1
LES MEILLEURS FRUITS DE MON PANIER . 1

LA PRINCESSE DE BELGIOJOSO
ASIE-MINEURE ET SYRIE. — Souvenirs de voyage. *Nouvelle édition* 1
SCÈNES DE LA VIE TURQUE. 1
NOUV. SCÈNES DE LA VIE TURQUE. (*S.p.*) 1

GEORGES BELL
VOYAGE EN CHINE 1

LE Mⁱˢ DE BELLOY *traducteur*
THÉATRE COMPLET DE TÉRENCE (*Trad.*) 1

HECTOR BERLIOZ
A TRAVERS CHANTS. 1
LES GROTESQUES DE LA MUSIQUE. . . . 1
LES SOIRÉES DE L'ORCHESTRE. 2ᵉ *édit.* 1

CH. DE BERNARD
L'ÉCUEIL. 1
LE NŒUD GORDIEN. 1
NOUVELLES ET MÉLANGES. 1
LA PEAU DU LION ET LA CHASSE AUX AMANTS. 1
POÉSIES ET THÉATRE. 1

PIERRE BERNARD
LA BOURSE ET LA VIE. 1

EUGÈNE BERTHOUD
UN BAISER MORTEL. 2ᵉ *édition.* . . 1
SECRETS DE FEMME. 2ᵉ *édition* . . . 1

CAROLINE BERTON
LE BONHEUR IMPOSSIBLE 1

CAMILLE BIAS
DIRE ET FAIRE 1

ALPHONSE DAUDET   vol.
LE ROMAN DU CHAPERON ROUGE. 1

ERNEST DAUDET
LES DUPERIES DE L'AMOUR. 1

LE GÉNÉRAL DAUMAS
LES CHEVAUX DU SAHARA ET LES MŒURS DU DÉSERT. 4e *édition*, *revue et augmentée*, avec des Commentaires par *l'émir Abd-el-Kader*. 1

L. DAVESIÉS DE PONTÈS
ÉTUDES SUR L'ORIENT. 2e *édition*. 1
ÉTUDES SUR L'HISTOIRE DE PARIS ANCIEN ET MODERNE. 1
NOTES SUR LA GRÈCE. 1

DÉCEMBRE-ALONNIER
TYPOGRAPHES ET GENS DE LETTRES. . 1

E.-J. DELECLUZE
SOUVENIRS DE SOIXANTE ANNÉES. . . . 1

LA COMTESSE DELLA ROCCA
CORRESPONDANCE INÉDITE DE LA DUCH. DE BOURGOGNE ET DE LA REINE D'ESPAGNE; publiée avec Introduction. . 1
CORRESPONDANCE ENFANTINE. Modèles de lettres pour jeunes filles. . . . 1

PAUL DELTUF
CONTES ROMANESQUES. 1
FIDÈS 1
RÉCITS DRAMATIQUES. 1

A. DESBARROLLES
VOYAGE D'UN ARTISTE EN SUISSE A 3 FR. 50 C. PAR JOUR. 3e *édition*. . 1

ÉMILE DESCHANEL
CAUSERIES DE QUINZAINE. 1
CHRISTOPHE COLOMB ET VASCO DE GAMA. 2e *édition* . 1

DESSERTEAUX *traducteur*
ROLAND FURIEUX, *de l'Arioste* 1

PASCAL DORÉ
LE ROMAN DE DEUX JEUNES FILLES . . . 1

MAXIME DU CAMP
LES BUVEURS DE CENDRES. 1
EN HOLLANDE, *nouvelle édition*. . . 1
EXPÉDITION DE SICILE. Souvenirs. . 1

J.-A. DUCONDUT
ESSAI DE RHYTHMIQUE FRANÇAISE . . . 1

E. DUFOUR
LES GRIMPEURS DES ALPES (Peaks, Passes and Glaciers). Trad. de l'anglais. 1

ALEXANDRE DUMAS
LES GARIBALDIENS. 1
THÉÂTRE COMPLET. 14

ALEXANDRE DUMAS FILS
CONTES ET NOUVELLES. 1
ANTONINE. 1
LA DAME AUX CAMÉLIAS. 1
LA VIE A VINGT ANS. 1

HENRI DUPIN   vol.
CINQ COUPS DE SONNETTE. 1

CHARLES EDMOND
SOUVENIRS D'UN DÉPAYSÉ. 1

Mme ELLIOTT
MÉMOIRES SUR LA RÉVOLUTION FRANÇAISE, trad. par *M. le Cte de Baillon*, avec étude de *M. Sainte-Beuve* et un portr. gravé sur acier. 2e *édition*. 1

ACHILLE EYRAUD
VOYAGE A VÉNUS. 1

A.-L.-A. FÉE
SOUVENIRS DE LA GUERRE D'ESPAGNE. 1
L'ESPAGNE A 50 ANS D'INTERVALLE. . . 1

FÉTIS
LA MUSIQUE DANS LE PASSÉ, DANS LE PRÉSENT ET DANS L'AVENIR (S. *pr.*). 2

FEUILLET DE CONCHES
LÉOPOLD ROBERT, sa vie, ses œuvres et sa correspondance. *Nouv. édition* 1

OCT. FEUILLET *de l'Acad. française*
BELLAH. 5e *édition*. 1
HISTOIRE DE SIBYLLE. 8e *édition*. . 1
LA PETITE COMTESSE. Le Parc, Onesta. 1
LE ROMAN D'UN JEUNE HOMME PAUVRE. 1
SCÈNES ET COMÉDIES. *Nouv. édition*. 1
SCÈNES ET PROVERBES. *Nouv. édit.* 1

PAUL FÉVAL
QUATRE FEMMES ET UN HOMME. 3e *édit*. 1

ERNEST FEYDEAU
ALGER. Étude. 2e *édition*. 1
DU LUXE, DES FEMMES, DES MŒURS, DE LA LITTÉRATURE ET DE LA VERTU. . 1
UN DÉBUT A L'OPÉRA. 3e *édition*. . 1
MONSIEUR DE SAINT-BERTRAND. 3e *édit*. 1
LE MARI DE LA DANSEUSE. 3e *édition*. 1
LE ROMAN D'UNE JEUNE MARIÉE. . . . 1
LE SECRET DU BONHEUR. 2e *édition*. 2

LOUIS FIGUIER
LES EAUX DE PARIS. 2e *édition*. . 1

P.-A. FIORENTINO
COMÉDIES ET COMÉDIENS. 2

GUSTAVE FLAUBERT
MADAME BOVARY. *Nouv. édit. revue*. 1
SALAMMBO. 5e *édition*. 1

EUGÈNE FORCADE
ÉTUDES HISTORIQUES. 1
HIST. DES CAUSES DE LA GUERRE D'ORIENT. 1

MARC FOURNIER
LE MONDE ET LA COMÉDIE (*Sous presse*). 1

VICTOR FRANCONI
LE CAVALIER, Cours d'équitation pratique. 2e *édit. revue et augm*. 1
L'ÉCUYER. Cours d'équitation pratique. 1

ARNOULD FRÉMY
LES MŒURS DE NOTRE TEMPS. 1

HOFFMANN. *Trad. Champfleury* vol.
CONTES POSTHUMES. 1

ROBERT HOUDIN
CONFIDENCES D'UN PRESTIDIGITATEUR. . 2

ARSÈNE HOUSSAYE
AVENTURES GALANTES DE MARGOT. . . 1
BLANCHE ET MARGUERITE. 1
MADEMOISELLE MARIANI, histoire parisienne (1858). 4e *édition* 1

CHARLES HUGO
LE COCHON DE SAINT ANTOINE. 1
UNE FAMILLE TRAGIQUE. 1

UN INCONNU
MONSIEUR X... ET MADAME ***. 1

WASHINGTON IRVING. *Trad. Th. Lefebvre*
AU BORD DE LA TAMISE. Contes, Récits et Légendes. 2e *édition* 1

ALFRED JACOBS
L'OCÉANIE NOUVELLE. 1

PAUL JANET
LA FAMILLE. LEÇONS DE PHILOSOPHIE MORALE. 6e *édition* 1

JULES JANIN
BARNAVE. *Nouvelle édition* 1
LE CHEMIN DE TRAVERSE. 1
LES CONTES DU CHALET. 2e *édition*. 1
CONTES FANTAST. ET CONTES LITTÉR. . 1
HIST. DE LA LITTÉRATURE DRAMATIQUE. 6

AUGUSTE JOLTROIS
LES COUPS DE PIED DE L'ANE. 2e *édit.* . 1

LOUIS JOURDAN
LES FEMMES DEVANT L'ÉCHAFAUD. 2e *éd.* 1

ARMAND JUSSELAIN
UN DÉPORTÉ A CAYENNE 1

MIECISLAS KAMIENSKI *tué à Magenta*
SOUVENIRS 1

KARL-DES-MONTS
LES LÉGENDES DES PYRÉNÉES. 4e *édit.* 1

ALPHONSE KARR
AGATHE ET CÉCILE. 1
SOIRÉES DE SAINTE-ADRESSE. 1
DE LOIN ET DE PRÈS. 2e *édition*. . 1
EN FUMANT. 3e *édition*. 1
LETTRES ÉCRITES DE MON JARDIN. . . 1
LE ROI DES ILES CANARIES. (Sous presse). 1
SUR LA PLAGE. 2e *édition*. 1

LA BRUYÈRE
LES CARACTÈRES. *Nouvelle édition*, commentée par A. Destailleur. . . 2

LAMARTINE
LES CONFIDENCES. *Nouvelle édition*. 1
GENEVIÈVE. Hist. d'une Servante. 2e *éd.* 1
NOUVELLES CONFIDENCES. 2e *édition*. 1
TOUSSAINT LOUVERTURE. 3e *édition*. 1

LE PRINCE DE LA MOSKOWA vol.
SOUVENIRS ET RÉCITS. 1

LANFREY
LES LETTRES D'ÉVERARD. 1

VICTOR DE LAPRADE de l'Acad. franç.
POÈMES ÉVANGÉLIQUES. 3e *édition* 1
PSYCHÉ. Odes et Poèmes. *Nouv. édit.* 1
LES SYMPHONIES. IDYLLES HÉROÏQUES. . 1

FERDINAND DE LASTEYRIE
LES TRAVAUX DE PARIS. Examen crit. 1

DE LATENA
ÉTUDE DE L'HOMME. 4e *édition aug.* 2

ÉMILE DE LATHEULADE
DE LA DIGNITÉ HUMAINE. 1

ANTOINE DE LATOUR
ÉTUDES LITTÉR. SUR L'ESPAGNE CONTEMP. 1
ÉTUDES SUR L'ESPAGNE. 2
LA BAIE DE CADIX. 1
TOLÈDE ET LES BORDS DU TAGE. . . . 1
L'ESPAGNE RELIGIEUSE ET LITTÉRAIRE. 1
LES SAYNÈTES DE RAMON DE LA CRUZ. 1

CHARLES DE LA VARENNE
VICTOR-EMMANUEL II ET LE PIÉMONT. 1

CH. LAVOLLÉE
LA CHINE CONTEMPORAINE. 1

JULES LECOMTE
VOYAGES ÇA ET LA. 1

A. LEFEVRE-PONTALIS
LES LOIS ET LES MŒURS ÉLECTORALES EN FRANCE ET EN ANGLETERRE. . . 1

ERNEST LEGOUVÉ de l'Acad. franç.
LECTURES A L'ACADÉMIE. 1

JOHN LEMOINNE
ÉTUDES CRITIQUES ET BIOGRAPHIQUES. 1
NOUV. ÉTUDES CRIT. ET BIOGRAPHIQUES. 1

FRANÇOIS LENORMANT
LA GRÈCE ET LES ILES IONIENNES . . 1

JULES LEVALLOIS
LA PIÉTÉ AU XIXe SIÈCLE. 1

G. LEVAVASSEUR
ÉTUDES D'APRÈS NATURE. 1

CH. LIADIÈRES
ŒUVRES DRAMATIQUES ET LÉGENDES. . 1
SOUV. HISTOR. ET PARLEMENTAIRES. . 1

FRANZ LISZT
DES BOHÉMIENS ET DE LEUR MUSIQUE. 1

NADAR vol.
LA ROBE DE DÉJANIRE. 2e *édition* . . . 1

LA COMTESSE NATHALIE
LA VILLA GALIETTA. 1

CHARLES NISARD
MÉMOIRES ET CORRESPONDANCES HIS-
TORIQUES ET LITTÉRAIRES, INÉDITS. 1

D. NISARD *de l'Acad. française*
ÉTUDES DE CRITIQUE LITTÉRAIRE. . . . 1
ÉTUDES D'HISTOIRE ET DE LITTÉRATURE. . 1
NOUVELLES ÉTUDES. 1
ÉTUDES SUR LA RENAISSANCE. 2e *édit.* . 1
SOUVENIRS DE VOYAGE. 2e *édition*. . . 1

CHARLES NODIER *traducteur*
LE VICAIRE DE WAKEFIELD. 1

LE VICOMTE DE NOÉ
BACHI-BOZOUCKS ET CHASSEURS D'AFR. 1

JULES NORIAC
JOURNAL D'UN FLANEUR. 1
MADEMOISELLE POUCET. 2e *édition* . . 1
LE CAPITAINE SAUVAGE. 1

MAXIME OGET
COMTESSE ET VIERGE FOLLE. 1

ÉDOUARD OURLIAC *Œuvres compl.*
LES CONFESSIONS DE NAZARILLE. . . . 1
LES CONTES DE LA FAMILLE 1
CONTES SCEPTIQUES ET PHILOSOPHIQUES. 1
LA MARQUISE DE MONTMIRAIL. 1
NOUVEAUX CONTES DU BOCAGE. 1
NOUVELLES. 1
LES PORTRAITS DE FAMILLE. 1
PROVERBES ET SCÈNES BOURGEOISES. . 1
THÉATRE DU SEIGNEUR CROQUIGNOLE. . 1

ALPHONSE PAGÈS
BALZAC MORALISTE ou Pensées de Balzac
extraites de son œuvre, classées et
mises en regard de celles de *La Ro-
chefoucauld, Pascal, La Bruyère
et Vauvenargues.* 1

ÉDOUARD PAILLERON
LES PARASITES. 1

THÉOD. PARMENTIER
DESCRIPTION TOPOGRAPHIQUE ET STRA-
TÉGIQUE DU THÉATRE DE LA GUERRE
TURCO-RUSSE. *Trad. de l'allemand*,
avec une carte topographique. . . 1

TH. PAVIE
RÉCITS DE TERRE ET DE MER. 1
SCÈNES ET RÉCITS DES PAYS D'OUTRE-MER 1

***
LE PÉCHÉ DE MADELEINE. 3e *édition*. . 1
FLAMEN. 1

PAUL PERRET
LA BAGUE D'ARGENT. 1
LES ROUERIES DE COLOMBE 1

LÉONCE DE PESQUIDOUX vol.
L'ÉCOLE ANGLAISE. — 1672-1851 — . . 1
VOYAGE ARTISTIQUE EN FRANCE. 1

A. PEYRAT
ÉTUDES HISTORIQUES ET RELIGIEUSES. 1
HISTOIRE ET RELIGION. 1

LAURENT PICHAT
CARTES SUR TABLE. Nouvelles. 1
LA SIBYLLE. 1

AMÉDÉE PICHOT
LA BELLE RÉBECCA. 1
SIR CHARLES BELL. 1

BENJAMIN PIFFTEAU
DEUX ROUTES DE LA VIE. 1

GUSTAVE PLANCHE
ÉTUDES LITTÉRAIRES. 1
ÉTUDES SUR L'ÉCOLE FRANÇAISE. . . . 2
ÉTUDES SUR LES ARTS 1

ÉDOUARD PLOUVIER
LA BELLE AUX CHEVEUX BLEUS. 2e *édit.* 1

EDGAR POE *Trad. Ch. Baudelaire*
EUREKA. 1
HISTOIRES GROTESQUES ET SÉRIEUSES. . 1

F. PONSARD *de l'Acad. française*
ÉTUDES ANTIQUES. 1

P. P.
UNE SŒUR. 1

A. DE PONTMARTIN
CAUSERIES LITTÉRAIRES. *Nouv. édition.* 1
NOUV. CAUSERIES LITTÉRAIRES. 2e *édit.* 1
DERNIÈRES CAUSERIES LITTÉRAIRES. 2e *éd.* 1
CAUSERIES DU SAMEDI. 2e *série des
Causeries Littéraires. Nouv. édition.* 1
NOUVELLES CAUSERIES DU SAMEDI. 2e *éd.* 1
DERNIÈRES CAUSERIES DU SAMEDI. . . . 1
ENTRE CHIEN ET LOUP. 2e *édition*. . . 1
LE FOND DE LA COUPE. 1
LES JEUDIS DE Mme CHARBONNEAU. . . 1
LES SEMAINES LITTÉRAIRES. 1
NOUVELLES SEMAINES LITTÉRAIRES. . . 1
DERNIÈRES SEMAINES LITTÉRAIRES. . . 1
NOUVEAUX SAMEDIS. 2

EUGÈNE POUJADE
LE LIBAN ET LA SYRIE. 1

PREVOST-PARADOL
de l'Académie française
ÉLISABETH ET HENRI IV (1595-1598). 3e *éd.* 1
ESSAIS DE POLITIQUE ET DE LITTÉRA-
TURE. 2e *édition*. 3
QUELQUES PAGES D'HISTOIRE CONTEMPO-
RAINE. Lettres politiques. 3

CHARLES RABOU
LA GRANDE ARMÉE 2

MAX RADIGUET
A TRAVERS LA BRETAGNE 1
SOUVENIRS DE L'AMÉRIQUE ESPAGNOLE. 1

RAMON DE LA CRUZ vol.
SAYNÈTES, tr. de l'esp. par *A. de Latour*. 1

LOUIS RATISBONNE
L'ENFER DE DANTE, traduction en vers, texte en regard. 3e édition 2
LE PURGATOIRE DE DANTE. *Nouv. éd.* 1
LE PARADIS DE DANTE. *Nouv. édition.* 1
IMPRESSIONS LITTÉRAIRES 1
MORTS ET VIVANTS 1

JEAN REBOUL *de Nîmes*
LETTRES avec introd. de *M. Poujoulat*. 1

PAUL DE RÉMUSAT
LES SCIENCES NATURELLES. Études sur leur histoire et sur leurs progrès. . 1

ERNEST RENAN
ÉTUDES D'HISTOIRE RELIGIEUSE. 7e édit. 1

D. JOSÉ GUELL Y RENTÉ
LÉGENDES AMÉRICAINES 1
LÉGENDES D'UNE AME TRISTE 1
TRADITIONS AMÉRICAINES 1
LA VIERGE DES LYS — PETITE-FILLE DE ROI 1

RODOLPHE REY
HIST. DE LA RENAISSANCE POL. DE L'ITALIE. 1

LOUIS REYBAUD
LA COMTESSE DE MAULÉON 1
LES ÉCOLES EN FRANCE ET EN ANGLE-TERRE. 1
JÉRÔME PATUROT à la recherche de la meilleure des républiques. 2
MARINES ET VOYAGES 1
MŒURS ET PORTRAITS DU TEMPS . . 2
NOUVELLES 1
ROMANS 1
SCÈNES DE LA VIE MODERNE 1
LA VIE A REBOURS 1
LA VIE DE CORSAIRE 1
LA VIE DE L'EMPLOYÉ 1

CHARLES REYNAUD
ÉPÎTRES, CONTES ET PASTORALES. . . 1
ŒUVRES INÉDITES 1

HENRI RIVIÈRE
LE CACIQUE. Journal d'un marin . . . 1
LA MAIN COUPÉE 1
LES MÉPRISES DU CŒUR 1
LA POSSÉDÉE 1

JEAN ROUSSEAU
LES COUPS D'ÉPÉE DANS L'EAU . . . 1
PARIS DANSANT. 2e édition 1

EDMOND ROCHE
POÉSIES POSTHUMES. Notice de *V. Sardou*, et eaux-fortes. 1

AMÉDÉE ROLLAND
LES FILS DE TANTALE 1
LA FOIRE AUX MARIAGES. 2e édition. 1
LES MARIONNETTES DE L'AMOUR. (*S. pr.*). 1

VICTORINE ROSTAND
UNE BONNE ÉTOILE 1
AU BORD DE LA SAÔNE 1

LE DOCT.r FÉLIX ROUBAUD vol.
LES EAUX MINÉRALES DE LA FRANCE, guide du médecin pratic. et du malade. 1
POUGUES, ses eaux minérales, ses environs. 1

ÉMILE RUBEN
CE QUE COÛTE UNE RÉPUTATION. . . . 1

LE MARÉCHAL DE SAINT-ARNAUD
LETTRES (1832-1854), 3e édition, avec une not. de *M. Sainte-Beuve* . . . 2

SAINTE-BEUVE *de l'Acad. franç.*
NOUVEAUX LUNDIS 5

SAINT-GERMAIN LEDUC
UN MARI 1

SAINT-SIMON
DOCTRINE SAINT-SIMONIENNE 1

GEORGE SAND
ANDRÉ 1
ANTONIA 1
LA CONFESSION D'UNE JEUNE FILLE . . 2
CONSTANCE VERRIER 1
LA DERNIÈRE ALDINI 1
ELLE ET LUI 1
LA FAMILLE DE GERMANDRE 1
FRANÇOIS LE CHAMPI 1
INDIANA 1
JACQUES 1
JEAN DE LA ROCHE 1
LAURA 1
LETTRES D'UN VOYAGEUR 1
MADEMOISELLE LA QUINTINIE 1
LES MAÎTRES MOSAÏSTES 1
LES MAÎTRES SONNEURS 1
LA MARE AU DIABLE 1
LE MARQUIS DE VILLEMER 1
MAUPRAT 1
MONSIEUR SYLVESTRE 1
MONT-REVÊCHE 1
NOUVELLES 1
LA PETITE FADETTE 1
TAMARIS 1
THÉÂTRE COMPLET 4
THÉÂTRE DE NOHANT 1
VALENTINE 1
VALVÈDRE 1
LA VILLE NOIRE 1

MAURICE SAND vol.
CALLIRHOÉ 1
SIX MILLE LIEUES A TOUTE VAPEUR. 2e édit. 1

JULES SANDEAU
UN DÉBUT DANS LA MAGISTRATURE. 2e éd. 1
UN HÉRITAGE. *Nouvelle édition* . . . 1
LA MAISON DE PENARVAN. 8e édition. 1

FRANCISQUE SARCEY
LE MOT ET LA CHOSE 1

C. DE SAULT
ESSAIS DE CRITIQUE D'ART 1

BIBLIOTHÈQUE NOUVELLE
Format grand in-18 à 2 francs le volume

vol.

ED. GRIMARD
L'ÉTERNEL FÉMININ. 1
JULES GUÉROULT
FABLES. 1
CHARLES D'HÉRICAULT
LA FILLE AUX BLUETS. 2ᵉ *édition*. 1
LES PATRICIENS DE PARIS. 1
LA REINE HORTENSE
LA REINE HORTENSE EN ITALIE, EN
FRANCE ET EN ANGLETERRE . . . 1
ARSÈNE HOUSSAYE
LES FILLES D'ÈVE. 1
LA PÉCHERESSE. 1
LE REPENTIR DE MARION 1
A. JAIME FILS
L'HÉRITAGE DU MAL. 1
LES TALONS NOIRS. 2ᵉ *édition*. . . 1
LOUIS JOURDAN
LES PEINTRES FRANÇAIS. SALON DE 1859 1
AURÈLE KERVIGAN
HISTOIRE DE RIRE. 1
MARY LAFON
LA BANDE MYSTÉRIEUSE 1
LA PESTE DE MARSEILLE. 1
G. DE LA LANDELLE
LA GORGONE 2
UNE HAINE A BORD. 1
STEPHEN DE LA MADELAINE
UN CAS PENDABLE. 1
F. LAMENNAIS
DE LA SOCIÉTÉ PREMIÈRE et de ses lois. 1
LARDIN ET MIE D'AGHONNE
JEANNE DE FLERS. 1
A. LEXANDRE
LE PÈLERINAGE DE MIREILLE. 1
FANNY LOVIOT
LES PIRATES CHINOIS. 3ᵉ *édition*. . 1
LOUIS LURINE
VOYAGE DANS LE PASSÉ 1
AUGUSTE MAQUET
LE BEAU D'ANGENNES 1
LA BELLE GABRIELLE 3
LE COMTE DE LAVERNIE. 3
DETTES DE CŒUR. 4ᵉ *édition*. . . 2
L'ENVERS ET L'ENDROIT 1
LA MAISON DU BAIGNEUR. 2
LA ROSE BLANCHE. 1
MÉRY
LE PARADIS TERRESTRE. 2ᵉ *édition*. 1
MARSEILLE ET LES MARSEILLAIS. 2ᵉ *édit*. 1
ALFRED MICHIELS
CONTES D'UNE NUIT D'HIVER 1
EUGÈNE DE MIRECOURT
LES CONFESSIONS DE MARION DELORME. 3
—   DE NINON DE LEN-
CLOS. 3
L'ABBÉ TH. MITRAUD
LE LIVRE DE LA VERTU. 1
L. MOLAND
LE ROMAN D'UNE FILLE LAIDE 1

vol.

HENRY MONNIER
MÉMOIRES DE M. JOSEPH PRUDHOMME. 1
MARC MONNIER
LA CAMORRA. MYSTÈRES DE NAPLES. 1
HISTOIRE DU BRIGANDAGE DANS L'ITALIE
MÉRIDIONALE. 2ᵉ *édition*. 1
MORTIMER-TERNAUX
LA CHUTE DE LA ROYAUTÉ. 1
LE PEUPLE AUX TUILERIES. 1
CHARLES NARREY
LE QUATRIÈME LARRON. 2ᵉ *édition*. . 1
HENRI NICOLLE
COURSES DANS LES PYRÉNÉES. . . . 1
JULES NORIAC
LA BÊTISE HUMAINE. 16ᵉ *édition*. . 1
LE 101ᵉ RÉGIMENT. *Nouv. édition*. 1
LA DAME A LA PLUME NOIRE. 2ᵉ *édition*. 1
LE GRAIN DE SABLE. 9ᵉ *édition*. . . 1
MÉMOIRES D'UN BAISER. 3ᵉ *édition*. 1
SUR LE RAIL. 2ᵉ *édition* 1
LAURENCE OLIPHANT
VOYAGE PITTORESQUE D'UN ANGLAIS EN
RUSSIE ET SUR LE LITTORAL DE LA MER
NOIRE ET DE LA MER D'AZOF. . . . 1
ÉDOUARD OURLIAC
SUZANNE. *Nouv. édition*. 1
CHARLES PERRIER
L'ART FRANÇAIS AU SALON DE 1857. 1
LE COMTE A. DE PONTÉCOULANT
HISTOIRES ET ANECDOTES. 1
A. DE PONTMARTIN
LES BRULEURS DE TEMPLES. 1
CHARLES RABOU
LOUISON D'ARQUIEN 1
LES TRIBULATIONS DE MAITRE FABRICIUS. 1
LE CAPITAINE LAMBERT. 1
GIOVANI RUFINI
MÉMOIRES D'UN CONSPIRATEUR ITALIEN. 1
JULES SANDEAU
UN HÉRITAGE. 1
VICTORIEN SARDOU
LA PERLE NOIRE. 1
AURÉLIEN SCHOLL
LES AMOURS DE THÉÂTRE. 2ᵉ *édition*. 1
SCÈNES ET MENSONGES PARISIENS. 2ᵉ *éd*. 1
E.-A. SEILLIÈRE
AU PIED DU DONON. 1
Mᵐᵉ SURVILLE née de BALZAC
LE COMPAGNON DU FOYER. 1
THACKERAY *Trad. Am. Pichot*
MORGIANA. 1
EDMOND TEXIER
LA GRÈCE ET SES INSURRECTIONS. Avec
carte. *Nouvelle édition*. 1
EM. DE VARS
LA JOUEUSE. Mœurs de province. . . 1
Mᵐᵉ VERDIER-ALLUT
LES GÉORGIQUES DU MIDI. 1
A. VERMOREL
LES AMOURS FUNESTES. 1
LES AMOURS VULGAIRES 1
Dʳ L. VÉRON
PARIS EN 1860. LES THÉÂTRES DE
PARIS DE 1806 A 1860, *avec gravures*. 1

ŒUVRES COMPLÈTES

DE

H. DE BALZAC

NOUVELLE ÉDITION, COMPLÈTE EN 45 VOLUMES

à 1 fr. 25 cent. le volume

(Chaque volume se vend séparément)

Les œuvres que BALZAC a désignées sous le titre de :

La Comédie humaine, forment dans cette édition. . . . . 40 volumes.

Les Contes drôlatiques. . . . . 3 —

Le Théâtre, seule édition complète . . . . 2 —

CLASSIFICATION D'APRÈS LES INDICATIONS DE L'AUTEUR :

COMÉDIE HUMAINE

SCÈNES DE LA VIE PRIVÉE

Tome 1. — LA MAISON DU CHAT QUI PELOTTE. Le Bal de Sceaux. La Bourse. La Vendetta. Madame Firmiani. Une double Famille.

Tome 2. — LA PAIX DU MÉNAGE. La fausse Maîtresse. Etude de femme. Autre Etude de Femme. La grande Bretèche. Albert Savarus.

Tome 3. — MÉMOIRES DE DEUX JEUNES MARIÉES. Une Fille d'Ève.

Tome 4. — LA FEMME DE TRENTE ANS. La femme abandonnée. La Grenadière. Le Message. Gobseck.

Tome 5. — LE CONTRAT DE MARIAGE. Un Début dans la vie.

Tome 6. — MODESTE MIGNON.

Tome 7. — BÉATRIX.

Tome 8. — HONORINE. Le colonel Chabert. La Messe de l'Athée. L'Interdiction. Pierre Grassou.

SCÈNES DE LA VIE DE PROVINCE

Tome 9. — URSULE MIROUET.

Tome 10. — EUGÉNIE GRANDET.

Tome 11. — LES CÉLIBATAIRES — I. Pierrette. Le Curé de Tours.

Tome 12. — LES CÉLIBATAIRES — II. Un Ménage de Garçon.

Tome 13. — LES PARISIENS EN PROVINCE. L'illustre Gaudissart. La Muse du département.

Tome 14. — LES RIVALITÉS. La Vieille Fille. Le Cabinet des Antiques.

Tome 15. — LE LYS DANS LA VALLÉE.

Tome 16. — ILLUSIONS PERDUES — I. Les deux Poètes. Un grand homme de province à Paris, 1re partie.

Tome 17. — ILLUSIONS PERDUES — II. Un Grand homme de province, 2e partie. Ève et David.

SCÈNES DE LA VIE PARISIENNE

Tome 18. — SPLENDEURS ET MISÈRES DES COURTISANES. Esther heureuse. A combien l'amour revient aux Vieillards. Où mènent les mauvais chemins.

Tome 19. — LA DERNIÈRE INCARNATION DE VAUTRIN. Un Prince de la Bohême. Un Homme d'affaires. Gaudissart II. Les Comédiens sans le savoir.

Tome 20. — HISTOIRE DES TREIZE. Ferragus. La duchesse de Langeais. La Fille aux yeux d'or.

Tome 21. — LE PÈRE GORIOT.

Tome 22. — CÉSAR BIROTTEAU.

Tome 23. — LA MAISON NUCINGEN. Les Secrets de la princesse de Cadignan. Les Employés. Sarrasine. Facino Cane.

Tome 24. — LES PARENTS PAUVRES — La Cousine Bette.

Tome 25. — LES PARENTS PAUVRES — Le Cousin Pons.

SCÈNES DE LA VIE POLITIQUE

Tome 26. — UNE TÉNÉBREUSE AFFAIRE. Un Episode sous la Terreur.

Tome 27. — L'ENVERS DE L'HISTOIRE CONTEMPORAINE. Madame de la Chanterie. L'Initié. Z. Marcas.

Tome 28. — LE DÉPUTÉ D'ARCIS.

SCÈNES DE LA VIE MILITAIRE

Tome 29. — LES CHOUANS. Une Passion dans le Désert.

SCÈNES DE LA VIE DE CAMPAGNE

Tome 30. — LE MÉDECIN DE CAMPAGNE.

Tome 31. — LE CURÉ DE VILLAGE.

Tome 32. — LES PAYSANS.

ÉTUDES PHILOSOPHIQUES

Tome 33. — LA PEAU DE CHAGRIN.

Tome 34. — LA RECHERCHE DE L'ABSOLU. Jésus-Christ en Flandre. Melmoth réconcilié. Le Chef-d'œuvre inconnu.

Tome 35. — L'ENFANT MAUDIT. Gambara. Massimilia Doni.

Tome 36. — LES MARANA. Adieu. Le Réquisitionnaire. El Verdugo. Un Drame au bord de la mer. L'Auberge rouge. L'Elixir de longue vie. Maître Cornélius.

Tome 37. — SUR CATHERINE DE MÉDICIS. Le Martyr calviniste. La Confidence des Ruggieri. Les deux Rèves.

Tome 38. — LOUIS LAMBERT. Les Proscrits. Séraphita.

ÉTUDES ANALYTIQUES

Tome 39. — PHYSIOLOGIE DU MARIAGE.

Tome 40. — PETITES MISÈRES DE LA VIE CONJUGALE.

CONTES DROLATIQUES

Tome 41. — 1er *dixain*.

Tome 42. — 2e *dixain*.

Tome 43. — 3e *dixain*.

ŒUVRES COMPLÈTES DE H. DE BALZAC (Suite)

THÉATRE

Tome 44. — VAUTRIN, drame en 5 actes. Les Ressources de Quinola, comédie en 5 actes. Paméla Giraud, comédie en 5 actes.

Tome 45. — LA MARATRE, drame intime en 5 actes. Le Faiseur (Mercadet), comédie en 5 actes (entièrement conforme au manuscrit de l'auteur.)

ŒUVRES DE JEUNESSE
DE H. DE BALZAC
NOUVELLE ÉDITION COMPLÈTE EN 10 VOLUMES
A 1 fr. 25 cent. le volume (chaque volume se vend séparément)

	vol.		vol.
JEAN-LOUIS.	1	LE VICAIRE DES ARDENNES.	1
L'ISRAÉLITE.	1	ARGOW LE PIRATE.	1
L'HÉRITIÈRE DE BIRAGUE.	1	JANE LA PALE.	1
LE CENTENAIRE.	1	DOM GIGADAS.	1
LA DERNIÈRE FÉE.	1	L'EXCOMMUNIÉ.	1

OUVRAGES DIVERS

GEORGES BELL
f. c.
LE MIROIR DE CAGLIOSTRO. 1 vol . . 1 »

CHARLES BLANC
LES PEINTRES DES FÊTES GALANTES. 1 vol. in-32 . . 1 »

J. BRUNTON
LES 40 PRÉCEPTES DU JEU DE WHIST. 1 vol in-18 . . 1 50

ALFRED BUSQUET
LA NUIT DE NOEL. 1 vol. in-32 . . 1 »

LE COMTE DE CHEVIGNÉ
LES CONTES REMOIS illustrés par E. Meissonier. 6e édition. 1 vol. . . 5 »

CHARLES EMMANUEL
LES DÉVIATIONS DU PENDULE ET LE MOUVEMENT DE LA TERRE. 1 vol. 1 »

ALEXANDRE GUÉRIN
LES RELIGIEUSES. 1 vol. gr. in-18. . 1 »

LOUIS JOURDAN
LES PRIÈRES DE LUDOVIC. 1 v. in-32. 1 »

LASSABATHIE, Admin. du Conserv.
HISTOIRE DU CONSERVATOIRE IMPÉRIAL DE MUSIQUE ET DE DÉCLAMATION suivie de documents recueillis et mis en ordre. 1 vol. grand in-18. . 5 »

AUGUSTE LUCHET
LA CÔTE-D'OR A VOL D'OISEAU. 1 vol. grand in-18 . . 2 »
LA SCIENCE DU VIN. 1 vol. gr. in-18. 2 50

STEPHEN DE LA MADELAINE
f. c.
CHANT. Études pratiques de style, 1/2 vol. in-8 . . 2 »

P. MORIN
COMMENT L'ESPRIT VIENT AUX TABLES. 1 vol. in-18 . . 1 50

A. PEYRAT
UN NOUVEAU DOGME. Histoire de l'Immaculée Conception. 1 vol. in-18. 1 »

LE DOCTEUR RAULAND
LE LIVRE DES ÉPOUX. Guide pour la guérison de l'Impuissance, de la stérilité et de toutes les maladies des organes génitaux. 1 fort vol. gr. in-18. . 4 »

MARY-ÉLIZA ROGERS
LA VIE DOMESTIQUE EN PALESTINE. 1 vol. gr. in-18 . . 3 50

***
MÉMOIRES D'UN PROTESTANT condamné aux galères de France pour cause de religion, d'après le journal original de Jean Marteilhe de Bergerac. 1 vol. 3 50

LE Dr FÉLIX ROUBAUD
Inspecteur des Eaux minérales de Pougues (Nièvre)
LA DANSE DES TABLES. Phénomènes physiologiques démontrés, avec gravure explicative. 2e édition. 1 vol. in-18 . . 1 »

SAVINIEN LAPOINTE
MES CHANSONS. — 1 vol. in-32 . . 1 »

ÉTUDES CONTEMPORAINES (Format in-18)

ODILON BARROT
f. c.
DE LA CENTRALISATION ET DE SES EFFETS. 1 vol . . 1 »

LE PRINCE A. DE BROGLIE
UNE RÉFORME ADMINISTRATIVE EN AFRIQUE. 1 vol . . 1 50

ÉDOUARD DELPRAT
L'ADMINISTRATION DE LA PRESSE. 1 v. 1 »

A. GERMAIN
MARTYROLOGE DE LA PRESSE. 1 vol. . 2 50

LE COMTE D'HAUSSONVILLE
f. c.
LETTRE AU SÉNAT. 1 vol . . 1 »

LÉONCE DE LAVERGNE
LA CONSTITUTION DE 1852 ET LE DÉCRET DU 24 NOVEMBRE. 1 vol. . 1 »

ED. DE SONNIER
LES DROITS POLITIQUES DANS LES ÉLECTIONS. — Manuel de l'Électeur et du Candidat. 1 vol. . . 1 »

***
LA LIBERTÉ RELIGIEUSE ET LA LÉGISLATION ACTUELLE. 1 vol. . . 1 »

COLLECTION MICHEL LÉVY

ET BIBLIOTHÈQUE DE LA LIBRAIRIE NOUVELLE

1 franc le volume grand in-18 de 300 à 400 pages

	vol.
AMÉDÉE ACHARD	
LES DERNIÈRES MARQUISES	1
LES FEMMES HONNÊTES	1
PARISIENNES ET PROVINCIALES	1
LA ROBE DE NESSUS	1
ACHIM D'ARNIM	
Traduction Th. Gautier fils	
CONTES BIZARRES	1
ADOLPHE ADAM	
SOUVENIRS D'UN MUSICIEN	1
DERNIERS SOUVENIRS D'UN MUSICIEN	1
W.-H. AINSWORTH	
Traduction B.-H. Revoil	
LE GENTILHOMME DES GRANDES ROUTES	2
GUSTAVE D'ALAUX	
L'EMPEREUR SOULOUQUE ET SON EMPIRE	1
***	
MADAME LA DUCHESSE D'ORLÉANS, HÉLÈNE DE MECKLEMBOURG-SCHWERIN	1
***	
SOUVENIRS D'UN OFFICIER DU 2e DE ZOUAVES	1
ALFRED ASSOLLANT	
HISTOIRE FANTASTIQUE DE PIERROT	1
XAVIER AUBRYET	
LA FEMME DE VINGT-CINQ ANS	1
ÉMILE AUGIER *de l'Acad. française*	
POÉSIES COMPLÈTES	1
***	
LES ZOUAVES ET LES CHASSEURS A PIED	1
J. AUTRAN	
MILIANAH. Épisode des guer. d'Afrique	1
THÉODORE DE BANVILLE	
ODES FUNAMBULESQUES	1
J. BARBEY D'AUREVILLY	
L'AMOUR IMPOSSIBLE	1
L'ENSORCELÉE	1
ODYSSE BAROT	
HISTOIRE DES IDÉES AU XIXe SIÈCLE. — ÉMILE DE GIRARDIN, sa vie, ses idées, son œuvre, son influence	1
Mme DE BASSANVILLE	
LES SECRETS D'UNE JEUNE FILLE	1
BEAUMARCHAIS	
THÉÂTRE, précédé d'une Notice sur sa vie et ses ouvrages, par *Louis de Loménie*	1

	vol.
ROGER DE BEAUVOIR	
AVENTURIÈRES ET COURTISANES	1
LE CABARET DES MORTS	1
LE CHEVALIER DE CHARNY	1
LE CHEVALIER DE SAINT-GEORGES	1
L'ÉCOLIER DE CLUNY	1
HISTOIRES CAVALIÈRES	1
LA LESCOMBAT	1
MADEMOISELLE DE CHOISY	1
LE MOULIN D'HEILLY	1
LE PAUVRE DIABLE	1
LES SOIRÉES DU LIDO	1
LES TROIS ROHAN	1
Mme ROGER DE BEAUVOIR	
CONFIDENCES DE Mlle MARS	1
SOUS LE MASQUE	1
HENRI BÉCHADE	
LA CHASSE EN ALGÉRIE	1
Mme BEECHER STOWE	
LA CASE DE L'ONCLE TOM. (*Traduction L. Pilatte*)	2
SOUVENIRS HEUREUX. (*Traduction E. Forcade*)	3
GEORGES BELL	
SCÈNES DE LA VIE DE CHATEAU	1
A. DE BERNARD	
LE PORTRAIT DE LA MARQUISE	1
CHARLES DE BERNARD	
LES AILES D'ICARE	1
UN BEAU-PÈRE	2
L'ÉCUEIL	1
LE GENTILHOMME CAMPAGNARD	2
GERFAUT	1
UN HOMME SÉRIEUX	1
LE NŒUD GORDIEN	1
LE PARATONNERRE	1
LE PARAVENT	1
LA PEAU DU LION ET LA CHASSE AUX AMANTS	1
ÉLIE BERTHET	
LA BASTIDE ROUGE	1
LES CHAUFFEURS	1
LE DERNIER IRLANDAIS	1
LA ROCHE TREMBLANTE	1
CAROLINE BERTON	
ROSETTE	1
CH. DE BOIGNE	
LES PETITS MÉMOIRES DE L'OPÉRA	1

A. DE LAMARTINE (Suite) vol.

JEAN-JACQUES ROUSSEAU	1
JEANNE D'ARC	1
Mme DE SÉVIGNÉ	1
NELSON	1
RÉGINA	1
RUSTEM	1
TOUSSAINT LOUVERTURE	1
VIE DU TASSE	1

L'ABBÉ DE LAMENNAIS

LE LIVRE DU PEUPLE, avec une étude de *M. Ernest Renan* 1

PAROLES D'UN CROYANT, avec une étude de *M. Sainte-Beuve* 1

VICTOR DE LAPRADE

PSYCHÉ 1

CHARLES DE LA ROUNAT

LA COMÉDIE DE L'AMOUR 1

H. DE LATOUCHE

AYMAR	1
CLÉMENT XIV ET CARLO BERTINAZZI	1
FRANCE ET MARIE	1
FRAGOLETTA	1
GRANGENEUVE	1
LÉO	1
UN MIRAGE	1
LE PETIT PIERRE	1
OLIVIER BRUSSON	1
ADRIENNE	1
LA VALLÉE AUX LOUPS	1

THÉOPHILE LAVALLÉE

HISTOIRE DE PARIS 2

CARLE LEDHUY

LE CAPITAINE D'AVENTURES	1
LE FILS MAUDIT	1
LA NUIT TERRIBLE	1

LÉOUZON LE DUC

L'EMPEREUR ALEXANDRE II . . . 1

LOUIS LURINE

ICI L'ON AIME 1

FÉLICIEN MALLEFILLE

LE CAPITAINE LAROSE	1
MARCEL	1
MÉMOIRES DE DON JUAN	2
MONSIEUR CORBEAU	1

CH. MARCOTTE DE QUIVIÈRES

DEUX ANS EN AFRIQUE. Avec une introduction du *bibliophile Jacob* . . 1

MARIVAUX

THÉATRE. Précédé d'une notice par *Paul de St-Victor* 1

X. MARMIER

AU BORD DE LA NÉVA	1
LES DRAMES INTIMES	1
UNE GRANDE DAME RUSSE	1
HISTOIRES ALLEMANDES ET SCANDINAVES	1

LE DOCTEUR FÉLIX MAYNARD

UN DRAME DANS LES MERS BORÉALES	1
JOURNAL D'UNE DAME ANGLAISE	1
VOYAGES ET AVENTURES AU CHILI	1

LE CAPITAINE MAYNE-REID vol.
Traduction Allyre Bureau

LES CHASSEURS DE CHEVELURES . . 1

MÉRY

UN AMOUR DANS L'AVENIR	1
ANDRÉ CHÉNIER	1
LA CHASSE AU CHASTRE	1
LE CHATEAU DES TROIS TOURS	1
LE CHATEAU VERT	1
UNE CONSPIRATION AU LOUVRE	1
LES DAMNÉS DE L'INDE	1
UNE HISTOIRE DE FAMILLE	1
UN HOMME HEUREUX	1
UNE NUIT DU MIDI	1
LES NUITS ANGLAISES	1
LES NUITS D'ORIENT	1
LES NUITS ITALIENNES	1
LES NUITS PARISIENNES	1
SALONS ET SOUTERRAINS DE PARIS	1
LE TRANSPORTÉ	1

PAUL MEURICE

LES TYRANS DE VILLAGE 1

PAUL DE MOLÈNES

AVENTURES DU TEMPS PASSÉ	1
CARACTÈRES ET RÉCITS DU TEMPS	1
CHRONIQUES CONTEMPORAINES	1
HISTOIRES INTIMES	1
HISTOIRES SENTIMENTALES ET MILITAIRES	1
MÉM. D'UN GENTILH. DU SIÈCLE DERNIER	1

MOLIÈRE

ŒUVRES COMPLÈTES.—*Nouvelle édition* publiée par *Philarète Chasles* . . . 5

Mme MOLINOS-LAFITTE

L'ÉDUCATION DU FOYER 1

HENRY MONNIER

MÉMOIRES DE M. JOSEPH PRUDHOMME . 2

CHARLES MONSELET

M. DE CUPIDON 1

LE COMTE DE MONTALIVET
Ancien ministre

RIEN! 18 années de gouvernement parlementaire. 3e *édition* 1

LE COMTE DE MOYNIER

BOHÉMIENS ET GRANDS SEIGNEURS . 1

HÉGÉSIPPE MOREAU

ŒUVRES, avec une notice par *Louis Ratisbonne* 1

FÉLIX MORNAND

BERNERETTE	1
LA VIE ARABE	1

HENRY MURGER

LES BUVEURS D'EAU	1
LE DERNIER RENDEZ-VOUS	1
MADAME OLYMPE	1
LE PAYS LATIN	1
PROPOS DE VILLE ET PROPOS DE THÉATRE	1
LE ROMAN DE TOUTES LES FEMMES	1
SCÈNES DE CAMPAGNE	1
SCÈNES DE LA VIE DE BOHÈME	1
SCÈNES DE LA VIE DE JEUNESSE	1
LE SABOT ROUGE	1
LES VACANCES DE CAMILLE	1

JULES SANDEAU
vol.

CATHERINE 1
NOUVELLES 1
SACS ET PARCHEMINS. 1

EUGÈNE SCRIBE

COMÉDIES 3
OPÉRAS 2
OPÉRAS-COMIQUES. 5
COMÉDIES-VAUDEVILLES. 10

ALBÉRIC SECOND

CONTES SANS PRÉTENTION 1

FRÉDÉRIC SOULIÉ

AU JOUR LE JOUR. 1
LES AVENTURES DE SATURNIN FICHET. 2
LE BANANIER — EULALIE PONTOIS. . 1
LE CHATEAU DES PYRÉNÉES. . . . 2
LE COMTE DE FOIX 1
LE COMTE DE TOULOUSE. 1
LA COMTESSE DE MONRION 2
CONFESSION GÉNÉRALE 1
LE CONSEILLER D'ÉTAT 1
CONTES ET RÉCITS DE MA GRAND'MÈRE. 1
CONTES POUR LES ENFANTS. . . . 1
LES DEUX CADAVRES 1
DIANE ET LOUISE 1
LES DRAMES INCONNUS. 5
— LA MAISON No 3 DE LA RUE DE PRO-
VENCE 1
— AVENTURES D'UN CADET DE FAMILLE. 1
— LES AMOURS DE VICTOR BOUSENNE. 1
— OLIVIER DUHAMEL 2
UN ÉTÉ A MEUDON 1
LES FORGERONS 1
HUIT JOURS AU CHATEAU. 1
LA LIONNE 1
LE MAGNÉTISEUR. 1
UN MALHEUR COMPLET 1
MARGUERITE. 1
LE MAÎTRE D'ÉCOLE 1
LES MÉMOIRES DU DIABLE. . . . 3
LE PORT DE CRÉTEIL 1
LES PRÉTENDUS 1
LES QUATRE ÉPOQUES 1
LES QUATRE NAPOLITAINES 2
LES QUATRE SŒURS 1
UN RÊVE D'AMOUR — LA CHAMBRIÈRE. 1
SATHANIEL 1
SI JEUNESSE SAVAIT, SI VIEILLESSE POU-
VAIT. 2
LE VICOMTE DE BÉZIERS 1

ÉMILE SOUVESTRE

LES ANGES DU FOYER 1
AU BORD DU LAC 1
AU BOUT DU MONDE 1
AU COIN DU FEU 1
CAUSERIES HISTORIQUES ET LITTÉRAIRES. 3
CHRONIQUES DE LA MER 1
LES CLAIRIÈRES 1

ÉMILE SOUVESTRE (Suite)
vol.

CONFESSIONS D'UN OUVRIER. . . . 1
CONTES ET NOUVELLES. 1
DANS LA PRAIRIE. 2
LES DERNIERS BRETONS. 1
LES DERNIERS PAYSANS. 2
DEUX MISÈRES. 1
LES DRAMES PARISIENS. 1
L'ÉCHELLE DE FEMMES 1
EN FAMILLE. 1
EN QUARANTAINE. 1
LE FOYER BRETON. 2
LA GOUTTE D'EAU 1
HISTOIRES D'AUTREFOIS. 1
L'HOMME ET L'ARGENT. 1
LOIN DU PAYS. 1
LA LUNE DE MIEL. 1
LA MAISON ROUGE 1
LE MAT DE COCAGNE. 1
LE MÉMORIAL DE FAMILLE. . . . 1
LE MENDIANT DE SAINT-ROCH. . . 1
LE MONDE TEL QU'IL SERA. . . . 1
LE PASTEUR D'HOMMES. 1
LES PÉCHÉS DE JEUNESSE. . . . 1
PENDANT LA MOISSON. 1
UN PHILOSOPHE SOUS LES TOITS . 1
PIERRE ET JEAN. 1
PROMENADES MATINALES. 1
RÉCITS ET SOUVENIRS. 2
LES RÉPROUVÉS ET LES ÉLUS. . . 2
RICHE ET PAUVRE. 2
LE ROI DU MONDE. 1
SCÈNES DE LA CHOUANNERIE . . . 1
SCÈNES DE LA VIE INTIME. . . . 1
SCÈNES ET RÉCITS DES ALPES . . 1
LES SOIRÉES DE MEUDON. . . . 1
SOUS LA TONNELLE. 1
SOUS LES FILETS 1
SOUS LES OMBRAGES 2
SOUVENIRS D'UN BAS-BRETON . . 2
SOUV. D'UN VIEILLARD. La dernière étape 1
SUR LA PELOUSE 1
THÉATRE DE LA JEUNESSE. . . . 1
TROIS FEMMES 1
LA VALISE NOIRE 1

MARIE SOUVESTRE

PAUL FERROLL, traduit de l'anglais. . 1

DANIEL STAUBEN

SCÈNES DE LA VIE JUIVE EN ALSACE. 1

DE STENDHAL (H. BEYLE)

DE L'AMOUR. 1
CHRONIQUES ET NOUVELLES. . . . 1
LA CHARTREUSE DE PARME. . . . 2
CHRONIQUES ITALIENNES. 1
MÉMOIRES D'UN TOURISTE. . . . 2
PROMENADES DANS ROME. . . . 2
LE ROUGE ET LE NOIR. 1

STERNE Trad. N. Fournier vol.

VOYAGE SENTIMENTAL, avec Notice de
Walter-Scott. 1

EUGÈNE SUE

LA BONNE AVENTURE. 2
LE DIABLE MÉDECIN. 3
— ADÈLE VERNEUIL. 1
— CLÉMENCE HERVÉ. 1
— LA GRANDE DAME. 1
LES FILS DE FAMILLE. 3
GILBERT ET GILBERTE. 3
LES SECRETS DE L'OREILLER. . . . 3
LES SEPT PÉCHÉS CAPITAUX. 6
— L'ORGUEIL. 2
— L'ENVIE — LA COLÈRE 2
— LA LUXURE — LA PARESSE. . . . 1
— L'AVARICE — LA GOURMANDISE. . 1

Mme DE SURVILLE née DE BALZAC

BALZAC, SA VIE ET SES ŒUVRES. . . . 1

FRANÇOIS TALON

LES MARIAGES MANQUÉS 1

E. TEXIER

AMOUR ET FINANCE 1

WILLIAM THACKERAY
Traduction W. Hughes

LES MÉMOIRES D'UN VALET DE PIED. . 1

LOUIS ULBACH

LES SECRETS DU DIABLE. 1
SUZANNE DUCHEMIN. 1
LA VOIX DU SANG. 1

JULES DE WAILLY FILS vol.

SCÈNES DE LA VIE DE FAMILLE. . . . 1

OSCAR DE VALLÉE

LES MANIEURS D'ARGENT. 1

VALOIS DE FORVILLE

LE COMTE DE SAINT-POL 1
LE CONSCRIT DE L'AN VIII. 1
LE MARQUIS DE PAZAVAL. 1

MAX VALREY

LES FILLES SANS DOT. 1
MARTHE DE MONTBRUN. 1

V. VERNEUIL

MES AVENTURES AU SÉNÉGAL. 1

LE DOCTEUR L. VÉRON

CINQ CENT MILLE FRANCS DE RENTE. . 1
MÉMOIRES D'UN BOURGEOIS DE PARIS. 5

CHARLES VINCENT ET DAVID

LE TUEUR DE BRIGANDS. 1

FRANCIS WEY

LES ANGLAIS CHEZ EUX. 1
LONDRES IL Y A CENT ANS 1

COLLECTION A 50 CENTIMES

Jolis volumes format grand in-32, sur beau papier

UN ASTROLOGUE vol.

LA COMÈTE ET LE CROISSANT. Présages
et prophéties sur la Guerre d'Orient. 1

GUSTAVE CLAUDIN

PALSAMBLEU! 1

Mme LOUISE COLET

QUATRE POÈMES couronnés par l'Académie. 1

ALEXANDRE DUMAS

LA JEUNESSE DE PIERROT. Conte de fée. 1
MARIE DORVAL. 1

HENRY DE LA MADELÈNE

GERMAIN BARBE-BLEUE. 1

MÉRY

LES AMANTS DU VÉSUVE. 1

LÉON PAILLET vol.

VOLEURS ET VOLÉS 1

J. PETIT-SENN

BLUETTES ET BOUTADES 1

NESTOR ROQUEPLAN

LES COULISSES DE L'OPÉRA. 1

AURÉLIEN SCHOLL

CLAUDE LE BORGNE 1

EDMOND TEXIER

UNE HISTOIRE D'HIER. 1

H. DE VILLEMESSANT

LES CANCANS 1

WARNER

SCHAMYL, le Prophète du Caucase. . 1

COLLECTION FORMAT IN-32

1 FRANC LE VOLUME

Jolis volume papier vélin

MUSÉE LITTÉRAIRE CONTEMPORAIN

CHOIX DES MEILLEURS OUVRAGES DES AUTEURS MODERNES

10 Centimes la Livraison — Format In-4° à 2 colonnes

ROGER DE BEAUVOIR	fr. c.
LE CHEVALIER DE SAINT-GEORGES —	» 90
LE CHEVALIER DE CHARNY . . . —	» 90

CHARLES DE BERNARD

UN ACTE DE VERTU . . . . . . —	» 50
LA PEINE DU TALION . . . . . —	» 50
L'ANNEAU D'ARGENT . . . . . . —	» 50
UNE AVENTURE DE MAGISTRAT. . —	» 30
LA CINQUANTAINE. . . . . . . —	» 50
LA FEMME DE QUARANTE ANS . —	» 50
LE GENDRE . . . . —	» 50
L'INNOCENCE D'UN FORÇAT . . —	» 30
LE PERSÉCUTEUR. . . . . . . —	» 30

CHAMPFLEURY

LES GRANDS HOMMES DU RUISSEAU . . . . —	» 60

LA COMTESSE DASH

LES GALANTERIES DE LA COUR DE LOUIS XV. . . . . —	3 »
— LA RÉGENCE . . . . —	» 90
— LA JEUNESSE DE LOUIS XV. —	» 90
— LES MAÎTRESSES DU ROI . . —	» 90
— LE PARC AUX CERFS . . . —	» 90

ALEXANDRE DUMAS

ACTÉ . . . . —	» 90
AMAURY. . . . . —	» 90
ANGE PITOU . . . . —	1 80
ASCANIO. . . . . —	1 50
AVENTURES DE JOHN DAVYS . . —	1 80
LES BALEINIERS. . . . . . . —	1 30
LE BATARD DE MAULÉON . . . —	2 »
BLACK. . . . . —	» 90
LA BOULE DE NEIGE. . . . . —	» 90
BRIC-A-BRAC. . . . . —	1 20
LE CAPITAINE PAUL . . . . . —	» 70
LE CAPITAINE RICHARD . . . . —	» 90
CATHERINE BLUM. . . . . . —	» 70
CAUSERIES — LES TROIS DAMES. —	1 30
CÉCILE . . . . —	» 90
CHARLES LE TÉMÉRAIRE . . . —	1 30

ALEXANDRE DUMAS (Suite)	fr. c.
LE CHATEAU D'EPPSTEIN . . . —	1 50
LE CHEVALIER D'HARMENTAL. . —	1 50
LE CHEV. DE MAISON ROUGE. . —	1 50
LE COLLIER DE LA REINE . . —	2 50
LA COLOMBE — MURAT . . . . —	» 50
LES COMPAGNONS DE JÉHU . . —	2 10
LE COMTE DE MONTE-CRISTO . —	4 »
LA COMTESSE DE CHARNY. . . —	4 50
LA COMTESSE DE SALISBURY . —	1 50
LES CONFESSIONS DE LA MARQUISE —	1 70
CONSCIENCE L'INNOCENT. . . . —	1 30
LA DAME DE MONSOREAU . . —	2 50
LA DAME DE VOLUPTÉ. . . . —	1 30
LES DEUX DIANE. . . . . . —	2 20
LES DEUX REINES. . . . . . —	1 50
DIEU DISPOSE . . . . —	1 80
LES DRAMES DE LA MER . . . —	» 70
LA FEMME AU COLLIER DE VE-LOURS . . . . —	» 70
FERNANDE. . . . . —	» 90
UNE FILLE DU RÉGENT. . . . —	» 90
LES FRÈRES CORSES . . . . —	» 60
GABRIEL LAMBERT . . . . . —	» 90
GAULE ET FRANCE. . . . . . —	» 90
UN GIL-BLAS EN CALIFORNIE. . —	» 70
GEORGES . . . . —	» 90
LA GUERRE DES FEMMES . . . —	1 65
HISTOIRE D'UN CASSE-NOISETTE. —	» 50
L'HOROSCOPE. . . . . —	» 90
IMPRESSIONS DE VOYAGE:	
UNE ANNÉE A FLORENCE. . . —	» 90
L'ARABIE HEUREUSE . . . —	2 10
LES BORDS DU RHIN . . . —	1 30
LE CAPITAINE ARÉNA . . . —	» 90
LE CORRICOLO . . . . . . —	1 65
DE PARIS A CADIX . . . . —	1 65
EN SUISSE. . . . . —	2 20
LE MIDI DE LA FRANCE . . —	1 30
QUINZE JOURS AU SINAÏ . . —	» 90
LE SPÉRONARE . . . . . . —	1 50
LE VÉLOCE . . . . —	1 65
LA VILLA PALMIÉRI . . . —	» 90
INGÉNUE. . . . . —	1 80
ISABEL DE BAVIÈRE . . . . . —	1 30

ALEXANDRE-DUMAS (Suite)	fr. c.
ITALIENS ET FLAMANDS. . . .	— 1 50
IVANHOE de Walter Scott . .	— 1 70
JEHANNE LA PUCELLE.	— » 90
LES LOUVES DE MACHECOUL . .	— 2 50
MADAME DE CHAMBLAY	— 1 50
LA MAISON DE GLACE.	— 1 50
LE MAITRE D'ARMES	— » 90
LES MARIAGES DU PÈRE OLIFUS .	— » 70
LES MÉDICIS.	— » 70
MES MÉMOIRES. (Complet). . .	— 8 »
— 1re série. (Séparément) .	— 3 60
— 2e série. (—). .	— 4 50
MÉM. DE GARIBALDI. (Complet)	— 1 30
—1re série. (Séparément) .	— » 70
—2e série. (—). .	— » 70
MÉMOIRES D'UNE AVEUGLE. . .	— 1 70
MÉM. D'UN MÉDECIN — BALSAMO	— 4 »
LE MENEUR DE LOUPS	— » 90
LES MILLE ET UN FANTÔMES .	— » 70
LES MOHICANS DE PARIS . . .	— 3 60
LES MORTS VONT VITE	— 1 50
NOUVELLES	— » 50
UNE NUIT A FLORENCE	— » 70
OLYMPE DE CLÈVES.	— 2 60
OTHON L'ARCHER.	— » 50
LE PAGE DU DUC DE SAVOIE .	— 1 70
PASCAL BRUNO.	— » 50
LE PASTEUR D'ASHBOURN . . .	— 1 80
PAULINE.	— » 50
LA PÊCHE AUX FILETS	— » 50
LE PÈRE GIGOGNE	— 1 50
LE PÈRE LA RUINE.	— » 90
LA PRINCESSE FLORA.	— » 70
LES QUARANTE-CINQ	— 2 50
LA REINE MARGOT	— 1 65
LA ROUTE DE VARENNES . . .	— » 70
LE SALTEADOR.	— » 70
SALVATOR	— 4 »
SOUVENIRS D'ANTONY	— » 90
SYLVANDIRE	— » 90
LE TESTAMENT DE M. CHAUVELIN.	— » 70
LES TROIS MOUSQUETAIRES. . .	— 1 65
LE TROU DE L'ENFER	— » 90
LA TULIPE NOIRE.	— » 90
LE VICOMTE DE BRAGELONNE. .	— 4 75
LA VIE AU DÉSERT.	— 1 30
UNE VIE D'ARTISTE.	— » 70
VINGT ANS APRÈS.	— 2 20

ALEXANDRE DUMAS FILS	fr. c.
CÉSARINE	— » 50
LA DAME AUX CAMÉLIAS. . . .	— » 90
UN PAQUET DE LETTRES. . . .	— » 50
LE PRIX DE PIGEONS.	— » 50

XAVIER EYMA

LES FEMMES DU NOUVEAU-MONDE.	— » 90

PAUL FÉVAL

LES AMOURS DE PARIS.	— 1 30
LE BOSSU OU LE PETIT PARISIEN.	— 2 50
LE FILS DU DIABLE.	— 3 »
LE TUEUR DE TIGRES.	— » 70

LÉON GOZLAN

LES NUITS DU PÈRE-LACHAISE. .	— » 90

CHARLES HUGO

LA BOHÊME DORÉE.	— 1 50

CH. JOBEY

L'AMOUR D'UN NÈGRE.	— » 90

ALPHONSE KARR

FORT EN THÈME.	— » 70
LA PÉNÉLOPE NORMANDE. . . .	— » 90
SOUS LES TILLEULS.	— » 90

A. DE LAMARTINE

LES CONFIDENCES.	— » 90
L'ENFANCE.	— » 50
GENEVIÈVE. Hist. d'une Servante	— » 70
GRAZIELLA.	— » 60
LA JEUNESSE.	— » 60
RÉGINA	— » 50

FÉLIX MAYNARD

L'INSURRECTION DE L'INDE. De	—
Delhi à Cawnpore.	— » 70

MÉRY

	fr. c.
UN ACTE DE DÉSESPOIR. . . .	— » 50
LE BONHEUR D'UN MILLIONNAIRE.	— » 50
LE CHATEAU DES TROIS TOURS.	— » 70
LE CHATEAU D'UDOLPHE. . . .	— » 50
UNE CONSPIRATION AU LOUVRE.	— » 70
LE DIAMANT A MILLE FACETTES.	— » 60
LES NUITS ANGLAISES.	— » 90
LES NUITS ITALIENNES.	— » 90
SIMPLE HISTOIRE.	— » 70

EUGÈNE DE MIRECOURT

LES CONFESSIONS DE NINON DE LENCLOS.	— 3 70

HENRY MURGER

LES AMOURS D'OLIVIER	— » 30
LE BONHOMME JADIS.	— » 30
MADAME OLYMPE	— » 50
LA MAITRESSE AUX MAINS ROUGES	— » 50
LE MANCHON DE FRANCINE. . .	— » 30
SCÈNES DE LA VIE DE BOHÈME. .	— » 90
LE SOUPER DES FUNÉRAILLES. .	— » 50

JULES SANDEAU

SACS ET PARCHEMINS.	— » 90
CARLO BROSCHI.	— » 50

FRÉDÉRIC SOULIÉ

AU JOUR LE JOUR.	— » 70
AVENT. DE SATURNIN FICHET.	— 1 30
LE BANANIER.	— » 50
LA COMTESSE DE MONRION. . .	— » 70
CONFESSION GÉNÉRALE.	— 1 80
LES DEUX CADAVRES.	— » 70
LES DRAMES INCONNUS.	— 2 50
— LA MAISON N° 3, RUE DE PRO- VENCE.	— » 70
— LES AVENTURES D'UN CADET DE FAMILLE	— » 70
— LES AMOURS DE VICTOR BON- SENNE	— » 70
— OLIVIER DUHAMEL	— » 70

FRÉDÉRIC SOULIÉ (Suite)

	fr. c.
EULALIE PONTOIS.	— » 30
LES FORGERONS.	— » 50
HUIT JOURS AU CHATEAU. . . .	— » 70
LE LION AMOUREUX.	— » 30
LA LIONNE.	— » 70
LE MAITRE D'ÉCOLE.	— » 30
MARGUERITE	— » 50
LES MÉMOIRES DU DIABLE. . .	— 2 »
LE PORT DE CRETEIL.	— » 70
LES QUATRE NAPOLITAINES. . .	— 1 30
LES QUATRE SŒURS.	— » 50
SI JEUNESSE SAVAIT, SI VIEIL- LESSE POUVAIT.	— 1 50

ÉMILE SOUVESTRE

DEUX MISÈRES	— » 90
L'HOMME ET L'ARGENT	— » 70
JEAN PLEBEAU.	— » 50
LE MENDIANT DE SAINT-ROCH. .	— » 70
PIERRE LANDAIS	— » 50
LES RÉPROUVÉS ET LES ÉLUS. .	— 1 50
SOUVENIRS D'UN BAS-BRETON. .	— 1 50

EUGÈNE SUE

LES SEPT PÉCHÉS CAPITAUX. . .	— 5 »
— L'ORGUEIL	— 1 50
— L'ENVIE.	— » 90
— LA COLÈRE.	— » 70
— LA LUXURE	— » 70
— LA PARESSE	— » 50
— L'AVARICE	— » 50
— LA GOURMANDISE	— » 50
LA BONNE AVENTURE.	— 1 50
GILBERT ET GILBERTE.	— 2 70
LE DIABLE MÉDECIN.	— 2 70
— LA FEMME SÉPARÉE DE CORPS ET DE BIENS	— » 90
— LA GRANDE DAME.	— » 50
— LA LORETTE	— » 30
— LA FEMME DE LETTRES . . .	— » 90
— LA BELLE FILLE	— » 50
LES MÉMOIRES D'UN MARI. . .	— 2 70
— UN MARIAGE DE CONVENANCES.	— 1 50
— UN MARIAGE D'ARGENT . . .	— » 90
— UN MARIAGE D'INCLINATION. .	— » 50
LES SECRETS DE L'OREILLER. .	— 2 20
LES FILS DE FAMILLE.	— 2 70

VALOIS DE FORVILLE

LE CONSCRIT DE L'AN VIII. . .	— » 90

BROCHURES DIVERSES

ÉMILE AUGIER   fr. c.
DISCOURS DE RÉCEPTION A L'ACA-
DÉMIE FRANÇAISE . . . . 1 »

***
LA QUESTION ALGÉRIENNE à propos de
la lettre adressée par l'Empereur au
maréchal de Mac-Mahon . . . . . 1 »

LOUIS BLANC
LA RÉVOLUTION DE FÉVRIER AU
LUXEMBOURG . . . . 1 »

BLANQUI et ÉMILE DE GIRARDIN
DE LA LIBERTÉ DU COMMERCE ET DE
LA PROTECTION DE L'INDUSTRIE . . 2 »

H. BLAZE DE BURY
M. LE COMTE DE CHAMBORD — UN MOIS
A VENISE . . . . 1 »

BONNAL
ABOLITION DU PROLÉTARIAT . . . . 1 »
LA FORCE ET L'IDÉE . . . . 1 »

G. BOULLAY
RÉORGANISATION ADMINISTRATIVE . . 1 »

CHAMPFLEURY
RICHARD WAGNER . . . . » 50

RENÉ CLÉMENT
ÉTUDE SUR LE THÉATRE ANTIQUE . . 1 »

ATHANASE COQUEREL FILS
SERMON D'ADIEU prêché dans l'église
de l'Oratoire . . . . » 50
PROFESSION DE FOI CHRÉTIENNE . . . » 50
LE CATHOLICISME ET LE PROTESTAN-
TISME considérés dans leur origine
et leur développement . . . . . 1 »
LE BON SAMARITAIN, sermon prêché
en 1864, dans les églises de Lusi-
gnan et de Reims . . . . » 50
L'ÉGOÏSME DEVANT LA CROIX, sermon
sur Luc, prêché dans les églises de
Vauvert, Anduze, Sommières,
Uzès et Clairac . . . . » 50
LES CHOSES ANCIENNES ET LES CHOSES
NOUVELLES, sermon prononcé en
1864, dans les églises de Poitiers,
Reims, Nimes, Montpellier, Mon-
tauban et Lyon . . . . » 50
LA SCIENCE ET LA RELIGION, sermon
prêché en 1864, dans les églises
de Nimes et de Dieppe . . . . . » 50

L. COUTURE
DU BONAPARTISME DANS L'HISTOIRE DE
FRANCE . . . . 1 »
DU GOUVERNEMENT HÉRÉDITAIRE EN
FRANCE 1 50

UN CURÉ
A NOTRE SAINT-PÈRE LE PAPE . . . 1 »

CHARLES DIDIER
QUESTION SICILIENNE . . . . . . 1 »
UNE VISITE AU DUC DE BORDEAUX . . 1 »

ERNEST DESJARDINS
NOTICE SUR LE MUSÉE NAPOLÉON III
et promenade dans les galeries . » 50

DUFAURE
DU DROIT AU TRAVAIL . . . . . . » 30

ALEXANDRE DUMAS   fr. c
RÉVÉLATIONS SUR L'ARRESTATION D'É-
MILE THOMAS . . . . » 50

ADRIEN DUMONT
LES PRINCIPES DE 1789 . . . . . . 1 »

LÉON FAUCHER
LE CRÉDIT FONCIER . . . . » 30

OCTAVE FEUILLET
DISCOURS DE RÉCEPTION A L'ACA-
DÉMIE FRANÇAISE . . . . 1 »

LE MARQUIS DE GABRIAC
DE L'ORIGINE DE LA GUERRE D'ITALIE . 1 »

ÉMILE DE GIRARDIN
L'ABOLITION DE L'AUTORITÉ . . . . 1 »
ABOLITION DE L'ESCLAVAGE MILITAIRE . 1 »
AVANT LA CONSTITUTION . . . . . » 50
L'EXPROPRIATION ABOLIE PAR LA DETTE
FONCIÈRE CONSOLIDÉE . . . . . 2 »
LE GOUVERNEMENT LE PLUS SIMPLE . 1 »
LA CONSTITUANTE ET LA LÉGISLATIVE . 1 »
LE DROIT DE TOUT DIRE . . . . . 1 »
L'ÉQUILIBRE FINANCIER PAR LA RÉ-
FORME ADMINISTRATIVE . . . . 1 »
JOURNAL D'UN JOURNALISTE AU SECRET . 1 »
LA NOTE DU XIV DÉCEMBRE . . . . 1 »
L'ORNIÈRE DES RÉVOLUTIONS . . . . 1 »
LA PAIX. 2e édition . . . . . . 1 »
RESPECT DE LA CONSTITUTION . . . 1 »
LE SOCIALISME ET L'IMPOT . . . . 1 »
SOLUTION DE LA QUESTION D'ORIENT . 2 50

GLADSTONE
DEUX LETTRES au lord Aberdeen
sur les poursuites politiques exer-
cées par le gouvernement napo-
litain . . . . 1 »

JULES GOUACHE
LES VIOLONS DE M. MARRAST . . . . » 50

LE COMTE D'HAUSSONVILLE
CONSULTATION DE MM. LES BATON-
NIERS DE L'ORDRE DES AVOCATS . 1 »
LETTRE AUX BATONNIERS DE L'ORDRE
DES AVOCATS . . . . 1 »
M. DE CAVOUR ET LA CRISE ITALIENNE . 1 »

LÉON HEUZEY
CATALOGUE DE LA MISSION DE MACÉ-
DOINE ET DE THESSALIE . . . . » 50

VICTOR HUGO ET CRÉMIEUX
DISCOURS SUR LA PEINE DE MORT (Procès de l'Événement . . . . . . 1 »

LOUIS JOURDAN
LA GUERRE A L'ANGLAIS. 2e édit . 1 »

LAMARTINE
DU DROIT AU TRAVAIL . . . . . . » 30
LETTRE AUX DIX DÉPARTEMENTS . . . » 30
LA PRÉSIDENCE . . . . » 30
DU PROJET DE CONSTITUTION . . . » 30
UNE SEULE CHAMBRE . . . . . . » 30

ÉDOUARD LEMOINE
ABDICATION DU ROI LOUIS-PHILIPPE . » 50

JOHN LEMOINNE
AFFAIRES DE ROME . . . . 1 »

L'UNIVERS ILLUSTRÉ
JOURNAL PARAISSANT DEUX FOIS PAR SEMAINE
Chaque numéro contient 8 pages format in-folio (4 de texte et 4 de gravures)
PRIX : 15 CENTIMES LE NUMÉRO
ABONNEMENT : UN AN, 15 FR. — SIX MOIS, 8 FR.
— Pour plus de détails, faire demander le prospectus —

LE JOURNAL DU DIMANCHE
LITTÉRATURE — HISTOIRE — VOYAGES — MUSIQUE
17 vol. sont en vente. Chaque vol. format in-4, orné de 104 gravures. Prix : 3 fr.

LE JOURNAL DU JEUDI
LITTÉRATURE — HISTOIRE — VOYAGES
12 vol. sont en vente. Chaque vol. format in-4, orné de 104 gravures. Prix : 3 fr.

LES BONS ROMANS
CHEFS-D'ŒUVRE DE LA LITTÉRATURE CONTEMPORAINE
Par VICTOR HUGO, ALEXANDRE DUMAS, GEORGE SAND, LAMARTINE, ALFRED DE MUSSET, EUGÈNE SUE, FRÉDÉRIC SOULIÉ, ALPHONSE KARR, CH. DE BERNARD, ALEX. DUMAS FILS, HENRY MURGER, HENRI CONSCIENCE, PAUL FÉVAL, ÉMILE SOUVESTRE, ETC., ETC.
12 vol. sont en vente. Chaque volume, format in-4, orné de 104 gravures. Prix : 3 fr.

DICTIONNAIRE FRANÇAIS ILLUSTRÉ
ET ENCYCLOPÉDIE UNIVERSELLE
Ouvrage qui peut tenir lieu de tous les vocabulaires et de toutes les encyclopédies
ENRICHI DE 20,000 FIG. GRAVÉES SUR CUIVRE PAR LES MEILLEURS ARTISTES
Dirigé par B. Dupiney de Vorrepierre
ET RÉDIGÉ PAR UNE SOCIÉTÉ DE SAVANTS ET DE GENS DE LETTRES
169 livraisons à 50 centimes. Chaque livraison est composée de deux feuilles de texte et contient la matière d'un volume in-8 ordinaire. L'ouvrage, composé en caractères entièrement neufs et imprimé sur papier de luxe, forme deux magnifiques volumes in-4. . . . . Prix, broché : 80 fr.
Demi-reliure chagrin, plats toile. . . . . Prix . . . . 92 fr.

DICTIONNAIRE DE LA CONVERSATION
ET DE LA LECTURE
INVENTAIRE RAISONNÉ DES NOTIONS GÉNÉRALES LES PLUS INDISPENSABLES A TOUS
PAR
UNE SOCIÉTÉ DE SAVANTS ET DE GENS DE LETTRES
Deuxième Édition
Entièrement refondue, corrigée et augmentée de plusieurs milliers d'articles tous d'actualité
16 volumes grand in-8°. Prix : 200 francs

LES FIGURES DU TEMPS
NOTICES BIOGRAPHIQUES
Par LEMERCIER DE NEUVILLE. Brochures grand in-18, avec des Photographies.
DE PIERRE PETIT
Prix : 1 fr. chaque

Mme RISTORI | ROBERT HOUDIN
GUSTAVE DORÉ | Mme PETIPA

Imp. L. TOINON et Cie, à Saint-Germain.

www.ingramcontent.com/pod-product-compliance
Lightning Source LLC
La Vergne TN
LVHW022015080426
835513LV00009B/733